QIYE CHENGZHANGLI SHUJIA
企业成长力书架

领导的执行智慧

打造不依赖人的执行体系

孙军正◎著

中国财政经济出版社

图书在版编目（CIP）数据

领导的执行智慧 / 孙军正著. — 北京：中国财政经济出版社，2014.9
（企业成长力书架）
ISBN 978-7-5095-5559-0

Ⅰ.①领… Ⅱ.①孙… Ⅲ.①企业管理 Ⅳ.①F270

中国版本图书馆CIP数据核字（2014）第159714号

责任编辑：蔡　宾　　　　责任校对：徐艳丽
责任印制：刘春年　　　　版式设计：盛世纳唐

中国财政经济出版社出版
URL：http//www.cfeph.cn
E-mail：cfeph@cfeph.cn

社址：北京市海淀区阜成路甲 28 号　邮政编码：100142
营销中心电话：010-88190406　北京财经书店电话：010-64033436
北京中兴印刷有限公司印刷　各地新华书店经销
787×1092毫米　16开　15印张　188 000字
2014年9月第1版　2014年9月北京第1次印刷
定价：36.00 元
ISBN 978-7-5095-5559-0 / F·4498
（图书出现印装问题，本社负责调换）
本社质量投诉电话：010-88190744
反盗版举报热线：88190492　88190446

QIYECHENGZHANGLISHUJIA

企业成长力书架

编 委 会

自 序

打造不依赖能人的执行体系

有一家世界500强企业正在招聘高层管理者，其中，9名优秀的应聘者顺利从数百人中脱颖而出，通过了初试，进入下一步的复试，这一步将由该企业领导者亲自把关面试。

企业领导者详细审阅了这9个人的详细资料，感到都很满意。只可惜这次招聘计划只录取3个人。为此，企业领导者专门给9个人出了这样一道题。

将这9个人随机分成了A、B、C三组，并指定A组的3个人去市场做一份关于本市婴儿用品的调查报告；B组的3个人则是做一份关于妇女用品的调查报告；C组的3个人去做老年人用品的市场调查报告。期限是3天时间。

企业领导者解释说："各位都知道，本次要录取的人是从事市场开发相关工作的，所以，你们必须对市场有敏锐的洞察力。之所以让你们调查这几类细分市场，就是想考察各位对一个新领域的适应力。各小组成员必须全力以赴，漂亮地完成任务！为防止大家盲目展开调研，我已经让秘书为每个人都准备了一份相关的资料，请大家临走时自行到我秘书那里去拿取！"

3天后，9个人分别把自己的报告递交给了企业领导者。领导者看了看，站起来走向C组的3个人，分别与之握手并笑着说："恭喜，你们3位被本公司录取了！"

看着大家疑惑的表情，总裁解释道："请大家打开我让秘书给你们准备的资料，并且互相看一看。"

原来，每个人手中的资料都是不一样的，A 组 3 个人的资料分别是过去、现在和将来的当地婴儿用品市场的分析，其他两组也是如此。

企业领导者说："C 组的 3 个人做事就很聪明，他们互相借用了对方的资料，从而补充了自己的那份报告，使之更加完整。而 A、B 两组的 6 个人却各自行事，抛开了队友，自己做自己的，报告的结果也是个人的分析，完全没有参考队友的报告。我之所以出这样一道题，并不是为了要得到报告上的结果，最主要的目的是想考察各位在执行过程中的团队合作意识。A、B 两组失败的原因，就在于没有合作，忽略了队友！要知道，企业的成功不可能靠一个人，纵使那个人再有能耐，团队合作才是高效执行的保障！况且，我们企业的执行体系是不依赖某个能人的，而是依靠团队的力量合作完成。"

美国著名的《华尔街日报》曾经做过一项调查，结果显示，美国公司在招聘企业员工时，最重视的特质正是一个人的团队合作能力和执行能力。

美国西点军校培养了无数杰出的政治家和军事家，其中包括两名美国总统和 3700 多名将军。第二次世界大战结束后，世界 500 强企业中，从美国西点军校走出的董事长有 1000 多名，副董事长有 2000 多名，进入管理层的人更是数不胜数。

为什么不是其他商学院培养了企业领导人，而是美国西点军校呢？

万科董事长王石说："我在西点军校只待了两个小时，但一下子就把我两年来思考的问题解决了！如果说 90 年代万科以 SONY 为学习的榜样，那么新的世纪，从 2003 年开始，万科在经营管理方面追求的目标就是西点模式。西点的成员不仅在军队上非常优秀，在美国商界也非常受欢迎。"

释迦牟尼曾问他的弟子："一滴水怎样才能不干涸？"弟子们面面相觑，

不知如何作答。释迦牟尼告诉他们："把它放到大海里。"

举了这么多例子，我要说的就是，不管个人的能力有多强，如果他拒团队千里之外，那么，他就会如被大海抛弃的水滴一样，很快就会"干涸"。个人要想实现自我价值，就必须融入团队这个大家庭。

作为企业领导者，同样也要好好利用团队。更应该明白，企业的发展不是靠个人的英雄主义，而是团队总体的执行力量。如今是一个强调合作的时代，执行过程中的许多任务都需要通过合作来完成，仅靠企业中的个别英雄闯天下的企业越来越没有市场。针对这一问题，我开发了"总裁执行模式"的培训课程，并将其中的精华内容编写成书，总结出一套适合企业领导者及中高层管理者共同学习的执行智慧。本书通过七个章节的内容，深入浅出地为企业人揭示了高效执行的七个方面，即执行环境、执行工具、执行原则、执行方向、执行人才、执行标准、执行战略，在诠释高效执行战术的同时，为您全面解读西点军校打造不依赖能人的执行体系的秘密，从而抛弃个人英雄主义，打造一支卓越的执行铁军！

作 者

目录

第三章 执行原则——锻炼高中基层，打造执行平台

第四章 执行方向——提升客户价值，打造执行口碑

第七章　执行战略——兼顾四大平衡，打造卓越组织

第一章

执行环境

——构筑执行文化，打造商业人格

一、擦亮双眸，构筑执行环境

◎ 人的行为究竟由什么决定？

看得见的和看不见的环境都在改变着我们的行为。

为什么一位修养极好的绅士在纽约地铁站里开枪杀了人，最终却被陪审团从轻发落？

为什么纽约地铁环境被当地警察局改造一番后，纽约市的犯罪率大幅下降？

为什么相同的一个人，在垃圾堆旁就有想随地吐痰的冲动，而当他身在七星级酒店，就没有这种冲动了呢？

答案是——环境影响了人的行为，并且看得见和看不见的环境都在时刻影响、改变着我们的行为。

美国斯坦福大学心理学家詹巴斗做了这样一个实验。

他找来两辆相同的汽车，将其中一辆停靠在当地的中产阶级社区，将另一辆停在环境相对杂乱的布朗克斯街区，并把车牌摘掉了，同时把顶棚打开。结果第二天早上，詹巴斗发现停在布朗克斯街区的汽车就被人偷走了。而停在中产阶级社区的那一辆，过了一周也无人问津。后来，詹巴斗用锤子把那辆车的玻璃凿碎了。结果仅仅不到半天，车就被偷了。

根据这个实验，犯罪学家凯琳和政治学家威尔逊提出了一个“破窗理论”。该理论认为，“如果有人打坏了一个建筑物的窗户玻璃，而这扇窗户又得不到及时的维修，别人就可能受到某些暗示性的纵容去打烂更多的窗户玻璃。久而久之，这些破窗户就给人造成一种无序的感觉。结果在这种公众麻木不仁的氛围中，犯罪就会滋生、蔓延。”

这个案例足以说明，很大程度上环境可以决定人的行为。例如工作环境：我们的工作环境一般有两种：一种是“硬环境”，包括设备环境、办公环境等；第二种是“软环境”，如说话习惯、工作氛围、企业文化等。很多企业都很注重“硬环境”中的“破窗”，只要“窗户”一出现问题就立刻修理，但却忽视了“软环境”中的“破窗”，如同事之间的紧张关系，企业文化中的“怪现象”，由语言习惯导致的对客户不敬等。

然而，按照“破窗理论”，任何一名企业员工的问题都不简单，任何一个不简单的问题都足以导致企业大环境中的“破窗”出现。而任何一个“破窗”都可能导致员工心态上的变化，最终导致行为的变化。

那么，我们该如何解决这类问题呢？

所谓冰冻三尺，非一日之寒！

大问题的背后往往是若干小问题累积的结果。想要解决问题，不必急于在某个人的身上找原因。

1. 从问题发生的环境找原因

前面我们说过，企业环境通常包括“硬环境”和“软环境”。问题发生时，我们要着重观察企业的软环境，多从团队文化与团队心态上找原因。

很多问题表面上看似是由于某个人才错误导致，但实际上很可能是我们身后的企业制度、文化与员工心态出现了“破窗”，所以才导致问题的出现！

2. 为员工营造一个良好的工作环境

作为企业领导者，一定希望员工越来越好，执行能力越来越强。这就需要领导者为员工营造一个良好的环境。

正如雄鹰适合翱翔在天空，领导者只能与制度化的企业环境共存，而高素质的职业化员工只能在公平、公开、透明的企业环境中生存！

所以，如果你想要雄鹰展翅高飞，关键是要营造出适合雄鹰生存的天空，那就不用担心雄鹰不能高飞。想要成为卓越的领导者，就请营造制度化的企业环境；想要员工素质更高、执行力强，就请营造员工生存的大环境！

在现实中，真正的成长往往是当下里看不见的，而真正对成长构成威胁的“破窗”环境也时刻暗藏在执行过程中的一左一右。任何一家企业出现种种问题的背后，一定是它的执行文化中早已潜伏着尚未发觉的“破窗”。

出现“破窗”并不可怕，可怕的是不知如何将“破窗”修补，进而获得高素质员工、优秀的产品和永远的客户！

管人不如管环境！

为企业构筑一个优良的执行环境，或许是大部分企业领导者亟须攻破的一个难题！

◎ 执行文化为何如此重要?

企业的执行文化影响着员工的信念、价值观以及行为模式，建立起来也需要一段很长的时间。

企业在成立之后，不仅要打造自己的企业文化，还要打造企业的执行文化。唯有如此，企业的组织团队才能成为一个有文化的组织、有信仰的组织、有执行力的组织。

美国通用电气公司的前总裁杰克·韦尔奇曾说过：“执行文化因素，是维持生产力增长的最终动力，也是没有极限的动力来源。”如果在一个企业中，员工既不认同企业的价值观，也不认同企业的执行文化，那么员工们就不会将企业的利益和自己的利益紧密联系在一起，严格按照公司的发展战略和规划去工作，也不能对工作充满积极性和热情。最终结果就是，员工的执行力低下，绩效大幅度降低。

企业的执行文化不是一成不变的，它会随着时间、环境的变化而变化，只是变化的幅度远没有企业中其他环节的变化那么大，而且做出改变的时间会很长。之所以会有这样的特性，是因为企业执行文化是受埋藏在员工心底的、根深蒂固的信仰或价值观影响的，而想要改变这种价值观，是一件非常困难的事情。况且执行文化的建立涉及企业文化的各个方面，任何一个环节出错，都可能导致失败。

因此，领导者们要想使企业执行文化深入到员工的内心当中，改变他们原有的价值观非常不容易，只能长期潜移默化地去改变，而不能一蹴而就。

管理专家们普遍认为，要想建立起一套完整的企业执行文化，最少要用5年到10年的时间。这是因为，企业的执行文化影响着员工的信念、价值观以及行为模式，建立起来也需要一段很长的时间。而且，企业的规模越大，越是难以塑造。所以，要想塑造企业的执行文化，各位领导者就要作出打“持久战”的准备。当然，这也不是完全没有方法可行，如果能够为企业制定一个长期有效、切实可行的改变方案，使员工在长期的工作中逐渐树立起执行文化的理念，将有助于执行文化的塑造。

1. 企业执行文化要不断“修订”，而且要“以人为本”

企业的执行文化不仅形成过程比较缓慢，而且在形成之后，如果有不妥当的地方，还需要进行“修订”，直到它能够适合企业的长久发展。当然，这种“修订”的过程也是一个长期的、缓慢的过程。比如英国航空公司在向私有化转型时，面临的首要问题就是企业文化的转型，这是一个漫长而缓慢的过程。

20世纪80年代，英国航空公司的管理层意识到企业的文化与时代的发展有所违背。于是，为了提高在国际上的地位以及自身的竞争力，英国航空公司的高层决定将企业文化由“漠不关心型”转变为“为顾客服务型”，决定改变对顾客服务质量差的状况，将“把顾客放在第一位”作为执行文化的目标。对于英国航空公司这样一个大型企业来说，这种文化改革是一项艰难的工作，而且实施起来非常困难。但是，他们在不断的改革和创新中始终坚持这一原则，经过长时间的改变，最终取得了显著的成绩。后来，英国航空公司在全球140多个国家都设立了分公司，航空业务更是遍及世界各地。但是无论在哪个分公司中，员工们对顾客的优质服务却没有丝毫改变。

英国航空公司之所以能够取得这样的好成绩，一个主要的原因是因为公司的管理层每时每刻都在为员工的工作、生活着想，这也让员工们对公司的忠诚度大幅度上升，使他们能够努力去适应、配合企业文化的改革和建设。

从英国航空公司企业执行文化的成功改革中我们能够看到，只有适合市场的企业执行文化才是优质的企业文化。因此，当企业的执行文化与市场需求相违背时，我们就要对其做出相应的调整，即使这种工作很困难，我们也要坚持到底。而且，在改革中，要做到以人为本，那样才能够让员工们主动配合，最终建立起合适的执行力文化。

2. 执行文化的建立，与企业各方面的支持密切相关

企业各方面的支持对执行文化的建设有着极大的促进作用。要想建设出适合市场需求的执行文化，令其实现由量变到质变的过程，具体可以分为以下三个方面。

（1）要充分了解、全面审视现有的企业执行文化。只有了解了现有的企业执行文化，才能够明白哪里有不合适的地方，并加以改进。也就是说，先要弄明白矛盾在哪里，然后再想办法解决矛盾。

（2）建立和实施能够带来改变的执行文化。在了解到企业执行文化所欠缺的地方之后，找出那些重要的企业价值观和观念、信念等加以改善，然后拟定新的执行模式。

（3）对新的模式和执行文化进行长时间的培育。制定出新的、适合市场需求、受员工欢迎的执行文化之后，就要对其进行“温养”和培育，使其逐渐深入员工内心中，最终起到应有的执行效果。

无论是哪家企业，当它发展到一定阶段之后，原来制定的目标和理念就会失效。因此，企业领导者应该与时俱进，不断修正本企业的执行文化，使其能

够适应市场的需要。原通用电气董事长兼CEO杰克·韦尔奇曾在一份报告中阐述了自己对企业执行文化的独特看法，他认为，企业执行文化应该能够包括这三种观念，即“突破执行极限”、“提高执行速度”和“超越执行界限”。也就是说，企业领导者和员工应该为了提高执行效率和企业的发展速度，不断对企业执行文化进行创新，利用这些新文化做引导，引发企业的变革。只有实现企业执行文化与企业同步发展，才能够充分调动员工的工作积极性，从而根本上提高员工的执行力。

◎ 西点的培训模式成功在哪里？

企业不能没有西点培训模式，正如一个国家不能没有大学。

1802年，美国西点军校正式成立，至今已有200多年的历史。这期间，西点军校培养除了无数杰出的政治家、军事家等优秀人才。其中包括两名美国总统和3700多名将军。第二次世界大战结束后，世界500强企业中，从美国西点军校走出的董事长有1000多名，副董事长有2000多名，进入管理层的人更是数不胜数。

许多人好奇，究竟是什么成就了西点军校的成功培训模式？而当今企业又应该如何学习这种培训体系呢？

西点培训模式的关键是让团队不断克服现有的问题而提高其执行力。西点模式告诉我们应该将员工培训当成一种生产力来重点培养，当员工培训形成良好的制度和氛围，可以不断挖掘出现有问题同时加以解决后，整个团队都能进一步认识到培训的意义，并在培训打造的平台上不断整体提升。而培训本身，则可以通过下面的方式，来起到成为团队生产力的作用。具体体现在以下三个方面。

1. 培训内容和工作内容的相结合

通过培训中的说明步骤，员工将能够明确自己究竟在学习何种技能、学习的目的以及学习之后的使用方法，这些内容将能够同具体的工作实际加以结合，从而保证员工学习的积极性。

例如，当员工学习商务礼仪之前，可能对礼仪的重要性并不明确，但通过培训的过程，他们能够意识到商务礼仪水准的高低，很可能影响到工作内容，如决定客户对自身的看法、关系公司的信誉等。当培训能够让员工发现自身学习内容实际上就是工作内容时，他们会重新给学习确定更高的高度，并产生更好的积极性。团队生产力的提高由此得以开始。

2. 培训中提供的反复应用的机会

西点军校培训的另一个重要意义，来自于其提供的实践机会。众所周知，在培训中，会有一定的时间让学员们反复应用刚刚学到的知识和技能。这种运用，不仅能够让员工们对知识和技能加以充分理解和发挥，同时，也能让团队在此过程中获得更加充分的锻炼，确保他们相互之间的默契程度有所提高，并带来相互信任程度、凝聚力的有效上升，由此带来团队生产力的上升。如果没有培训，员工们在自身的工作过程中，并不一定总是有这样人员集中、广泛参与的机会来获取上述目的。因此，将培训看作“生产”团队效率的过程，可以说是相当准确地抓住其实际内涵。

3. 培训对领导者的改变

领导者个人的能力，对于团队执行力的形成是响当当的重要的因素，当领导者个人能力结构得到不断补充和持续提高时，团队也将在这个过程中受益匪浅。而培训不仅能够改变团队，也能够改变领导者，并间接影响团队。

之所以这样说，是因为在组织培训之前，领导者必须对团队进行另一个角度和层次的了解。在这样的了解过程中，领导者将能够围绕对参训人员、培训内容的思考，认识到整个团队进一步发展提高的环境和资源，同时，重新思考自己的定位，并做出富有积极意义的行动来促进自身成长和转变。而这些主动提升行为，一旦离开培训这样的特殊环境和具体要求，即使出现在工作中，也无法表现得更加具体，同时能够更加集中。因此，我们有理由认为，培训对团队领导者的改变，也将作用到整个团队之中。

◎ 西点为什么如此强大？

西点军校的校训是“责任、荣誉、国家”，这也是西点军校如此强大的秘密。

与俄罗斯伏龙芝军事学院、法国圣西尔军事学院以及英国桑赫斯特皇家军事学院并称“世界四大军事院校”的美国西点军事学院，从建校到目前为止，仍旧是世界级超级强大的院校。西点军校的校训是“责任、荣誉、国家”，这也是西点军校如此强大的秘密——它不是将国家放在第一位，而是将“责任”放在首位，从这里我们就能够看出“责任”的重要性。西点军校之所以能够取得如此骄人的成绩，原因也正是在于它的历届领导者一直秉承这一校训，将培养学员的责任感放在首位。

为什么美国西点军校能够培养出那么多的军事天才和管理精英？

原因就在于他们拥有一个共同的特点：一种强烈的责任感。

1. 责任感是取得成绩的前提

这种责任感不仅体现在西点军校的所有教员身上，同时也体现在西点军校的学员身上。教员有这种责任感，才会将自己的心血倾注于对学员的管理和教导上；学员有这种责任感，才会在学习期间全身心地投入到对军事知识的学习上。只有双方都保持这种高度责任感，才能取得最终的骄人成绩。

对企业的管理也是如此，如果员工们不能对所做的工作负责，那么他们也就不会关注事情的结果，而没有结果的执行过程就不能算是真正的执行。所以，企业领导者要加强对员工责任心的培养，让他们明白责任对于工作的重要性，进而从根本上提高员工的执行能力。

2. 责任感是提高执行力、对结果负责的保障

一个有超强执行能力的员工，必然是一个对结果负责的人，只有以结果为最终目标，才能在遇到困难时想办法进行克服，才能对自己的执行过程负起相应的责任。

之所以要执行，就是想要最后的结果，如果对最终的结果都不关心，又何谈重视整个执行过程？因此，不能对结果负责的人，必然也不会对执行负责。

某国有大型企业由于经营不善濒临倒闭，为了挽救公司的颓势，该企业的负责人专门请外国的知名专家为企业设计未来的发展道路。专家对企业进行评

估后，为其量身制订了一套发展计划，这项计划分为几个阶段，每个阶段都有一个发展目标，只有达到这一目标之后，才能进行下一阶段的发展。

计划制定之后，该企业的负责人召集所有员工，准备大干一场。然而不幸的是，由于体制问题，那些员工一直都是只管执行上级的命令，却不会考虑结果如何。在这种氛围下，尽管企业领导者做足了准备，最后依然没有逃脱企业倒闭的噩运。

再完美的计划，如果缺乏负责的执行人员，也将是一纸空文。而这个“负责”的执行人员，就是以结果为目的、向结果看齐的人。只有对结果抱有强烈责任心的人，才能够对整个执行过程负责，才能在执行中体现自己的价值，为企业发展做贡献。

一位管理大师曾说过这样的话：“对结果负责的人，就是对自己、对他人、对企业负责的人。”判断一个人执行力的强弱，就是要看他责任感的大小，如果一个人连责任都担不起，又何谈“执行”呢？因此，一个无法负责的员工，不仅缺乏执行力，更缺乏对工作、对执行应负的那份责任。

◎ 世界500强企业为什么优秀？

在世界500强的大多数企业中，企业领导者都会对员工进行严格的培训。

在世界500强企业中，许多著名企业的成功都是从对员工的培训开始的，IBM公司每年都会拿出营业额的1%到2%为员工进行培训，而且每位员工每年都要接受15天到20天的培训。惠普公司更是如此，公司人力资源部直接推出“不仅用你，还要培养你”的方针来吸引高效能的人才。也正是这种做法，为那些企业培养出了高度职业化的员工团队、构筑起了强大的竞争优势。

因此，作为企业的领导者，一定要抓好“培训”这一重要的环节。做好了对员工的培训工作，就能够提高他们的工作能力，促进企业综合执行力的提升，为企业最终的发展奠定坚实的基础。

可能有人会问：“对员工进行培训不是要为他们投资、耗费企业的资源吗？怎么会为企业节约投资成本？”其实，对于企业而言，对员工的培训投资只是一小部分，而得到的回报却是很大的，所以整体而言，是为企业节约了投资成本，我将其称之为“抛砖引玉”。

如果企业想尽快提高员工的执行力，让他们为企业带来明显的经济效益，首先就要对他们进行培训。通过培训，不仅能够丰富受训员工的专业知识、提高他们的工作技能，更有利于改善他们的工作意识、提升工作效率，更快实现企业的发展目标，从而降低企业的投资成本。有一位管理大师曾说过：“如果企业领导者放弃对员工的培训，那实际上也就是放弃了员工的工作效率和企业的利润。”

同样，松下电器公司的培训部主任也说过类似的话：我们培训部之所以能够得到企业高层的大力支持，就是因为我们做得很好，值得这样的投资。我们有充分的证据向企业证明，由于培训工作的进行，能够使员工们掌握正确的解决问题的方法，这样能够为企业节约大批的资金，大概是投资的20倍。所以我敢说，培训是节约企业投资的最好办法。”

只有将员工个人的执行力提高了，才能使企业的整体执行力上升到新的高度。尽管不同的企业领导者对提升员工的执行能力有各自独特的方法，但是相同的是，他们都会对员工进行必要的培训，通过培训来提升员工的执行能力。

1. 通过培训提升员工的责任感和荣誉感

企业要想成功发展，就必然拥有一批能够提供高绩效、高执行力的员工。这些员工工作勤勉、爱岗敬业、富有责任感，他们对企业绝对忠诚，能够与企业同甘共苦、风雨同舟。他们始终把企业大局放在第一位，并时刻牢记企业的发展战略目标，认可企业文化，工作态度积极。

这样的员工不是天生的，也不是随便从外面招聘进来就具备这样的特质，而是通过对他们进行培训，最终实现的。

要想让员工将自己融入企业，将企业的价值和自己的价值联系在一起，就要对他们进行培训，让他们了解企业的文化和核心价值，并认同他们的存在，这样才能够培养出他们对企业的责任感和荣誉感，进而为企业的发展贡献自己最大的力量。

通过对员工进行责任感和荣誉感的培训，能够使他们对工作充满主动性和创造性，而且在遇到困难时也能够从不退缩、迎难而上；能够使他们具备良好的工作习惯，遵守公司的规章制度；能够使他们在工作中不断发现问题、分析问题并最终快速地解决问题，从而提升他们的竞争力和执行力。

2. 通过培训提升员工的工作技能

很多员工在进入企业工作之前，对于要做的工作不是很了解，即使有一定了解，也可能因为不常做所以不够熟练。这时通过培训，能够让员工更快地掌握工作技巧，从而更快地为企业发展作出贡献，这正是培训的一大优势所在。

很多大型企业都会对员工进行培训，一方面能够提高他们对企业的认可，从而积极投入到工作当中；另一方面也能够提高员工的工作技能，让他们更快地为企业发展出力。尤其是一些服务行业，或者是对技术要求较高的行业，对员工的培训要求就更为严格。

比如中国移动通信公司，为了提高员工的服务意识，要对他们进行长期的岗前培训，培训内容包括服务态度、对业务的熟练度等。培训结束后，还要进行考核，只有考核通过的员工才能被正式录用，上岗工作。而那些能够上岗工作的员工，不仅业务熟练，而且服务态度也很好，培训的效果是显而易见的。

再比如长城汽车公司，员工们在入职之前除了要进行技术方面的培训，还要进行为期一个月的“军训”，在长城汽车公司的领导者看来，这种“军训”，其实也是一种培训方式。通过“军训”，不仅提高了员工们的身体素质，更加强了他们的纪律性，保证了他们能够绝对服从、严格执行公司命令的态度。这一个月的“军训”非常艰苦，能够坚持下来的人就成为长城汽车公司的正式员工；而那些半途而废的人，公司则会对其说“再见”。

◎ 中国500强企业为什么优秀？

责任没有99.9%，只有100%。

在美国西点军校，有一条校训是：要立即行动，不要拖延。这对我国的许多500强企业影响颇深。

“立即行动”是中国500强企业中最重要的工作理念、行为习惯与价值观之一，同时也是员工们的首要行为准则。

胡越斌是一家公司的普通职员，他有个外号叫“行动滑板”。不论他干什么工作，一旦接手，就会马上去干，用最快的速度完成。后来胡越斌被调到了销售部门。有一次，公司给销售部下达了一项任务：必须按时完成本年度 500 万元的销售额。

销售部的经理认为要完成这个目标几乎是不可能的，私底下开始抱怨，并认为上级对他的要求太苛刻。只有胡越斌一个人仍在忘我地工作，在距年终还有 20 多天的时候，胡越斌就已经把自己承担的销售额完成了。可其他人却没有胡越斌做得好，大多仅完成了目标的一半。

销售部经理主动提出了辞职，胡越斌被任命为新的销售部经理。胡越斌在上任后依旧拼命地工作。其他人也被他的行为感动了，在年终的最后一天，他们居然完成了全部的任务。

没过多久，这家公司被别的公司收购。新董事长第一天来上班时，就亲自点名任命胡越斌为新公司的总裁。因为这位董事长在双方洽谈收购的过程中，曾多次来公司，“行动滑板”胡越斌给他留下的印象最为深刻。

1. “立即行动”是成功企业的格言

那些工作高效、干事多、乐此不疲的人，常常在企业身居要职。一旦你养成了“立即行动”的工作习惯，就会叩响成功的大门。你的工作能力与态度越好，报酬与职务也就越高，也就意味着你向自己的美好前程迈出了关键的一步。

的确，坚持“立即行动”是很难的。但最终你会发现，这种态度让你焕发出了生命的激情，你的生活会因此而改变。当你赢得了别人的认可，你就会始终如一地以这种态度做事，并逐渐形成一刻也不拖延、立即行动的良好习惯。

2. 接到新的工作任务时，就应该立刻去干

像“再等一会儿”或“明天开始做”之类的语言和想法，一分钟也不要让它们盘踞在我们的心里。立刻去做！从现在就开始，在最短的时间内拿出工作成绩。

优秀的员工，在日常工作中，都会清楚自己的工作职责是什么，他们在领导交代工作时只会说一句话：“好的，我立刻去做！”

一个人拥有强烈的行动意识，是获得事业成功的关键。在职场中，到处都有成功的机会，我们只要在工作中时刻坚守这种精神，让行动意识牵引着我们，并竭尽全力去实现我们心中的梦想，就肯定能够从优秀迈向卓越！

总之，领导者们一定要认识到，无论干什么事，即便有难度，也不要拖延。很多事情的难度，都是因为我们的犹豫与摇摆而增加的。

二、立定决心，打造商业人格

◎ 商业人格与团队建设

没有商业人格就没有职业化的根本，就没有执行的团队。

如果你迟迟不行动，是为了要看看别人怎么做；

如果你感到心情烦躁，是因为热衷于与其他人作比较；

如果你给不出结果，是因为心中没有一个原则；

如果你不负责任，是因为期待别人替你承担；

如果你有上述“症状”，说明你缺失商业人格。

所谓商业人格，是指有着优秀品质的独立品格，既不屈从于权力，也不取不义之财。商业人格是合作共赢、建设卓越团队的基础。没有商业人格就没有职业化的根本，就没有执行的团队。商业人格主要包括三部分：团队建设、职业化、独立。

1. 团队建设

团队是由个体组成的,它建立在制度、理念、独立人格之上。团队通过执行,传递价值观,最终形成合格的团队。

总的来说,团队建设,是企业发展的根本保障。至今为止,没有任何企业能够在缺乏团队支持的基础上获得成功,同样,团队本身的发展和员工个人的成就,也来源于团队建设的支持。

团队建设如此重要,那么,领导者就需要从一开始就专注于团队建设,甚至从团队尚未形成之前,围绕着团队建设的竞争就已经开始了。只有关注团队建设起点,领导者才能做到游刃有余地进行相应的准备,并充满自信地面对即将成形的团队。在团队成形之前,领导者起码应该在以下这些领域上着力投入研究和实践,以保证自己的团队能够全力起跑,一马当先。

在接手一个团队之前,领导者还需要明确的是团队的长远目标和短期目标,同时,应该将之同自我的职业发展进行充分结合。

毋庸置疑,团队领导者在工作中也需要关注自身的利益,但值得强调的是,对自身利益的关注,不应该超过对团队整体的规划和了解。

举个简单的例子,某日化企业在华东S市设立分公司,总部决定派马总去那里担任领导。马总接到任命后,特意提前两天来到S市,在这里,他以顾客的身份,在商业区大大小小的超市、专卖店仔细观察了消费者相关的购买倾向,接着,他又联系了当地的销售商,向他们索要了该企业产品近年的销售数据。

当这些准备完成后,马总带着自己的分析结果见了整个团队,结合书面的结果,马总给出了对团队的短期目标和长期目标。由于他的数据精确,对市场的熟悉情况又超过团队一般人的想象,结果整个团队除了对他个人的敬佩之外,对他列举出的目标也更加支持。

可以想象，马总的目标并非凭空而来，它既是对团队的要求，也发自于自身职业规划的动力。而他在接手团队之前就做出这样的目标规划，无疑是建设团队的成功第一步。

2. 职业化

职业化的核心是独立的商业人格，这也是执行团队的重要基因。没有强大的内心，就没有职业化的领导者。

不少团队领导者经常犯的错误来自于对团队过度的悲观或乐观。有的领导者认为既有的团队业绩不佳，因此必然漏洞百出、水平低下，结果在上任之前自己就先泄了气；而有的领导者则恰恰相反，抱着自己只要一接手团队就能创造一番大事业的想法，结果却不尽如人意，希望越大失望越大。

这样的情况并不少见，实际上，由于缺少对团队的理智观察和分析，很多领导者都容易这样走进极端而浑然不自知。对于他们来说，最好的做法应该是完成书面工作，将现有团队的优势和劣势按照两种分类、以影响力的大小为顺序分别列出来，然后找到可以利用的资源和必须解决的问题。完成这样的工作，将能保证团队管理工作得到良好和正确的开端。

3. 独立

独立是商业人格的本质。领导者要做的就是坚持自己的原则、独立承担责任。

领导者要想率领企业获得成功，就必须充分发挥自己的主观能动性与对工作的责任心，学会克服、适应这些变化，进而向遇到的困难发起挑战。

我们常说“没有压力就没有动力”，员工就像是弹簧一样，如果只是让他们平淡地做一些日常工作，那么他们将会越来越缺乏工作的动力；如果对他们施加一些压力，那么他们就会像被压缩的弹簧一样充满力量。因此，压力能够激发员工的潜能，使他们对工作充满激情、充满动力。

◎ 如何打造商业人格——西点军校军魂塑造的启示

靠原则做事和用结果交换是打造商业人格的两个要素。

判断一个人是否具备商业人格有两个标准——成年人的逻辑和社会人的心态。而靠原则做事和用结果交换则是打造商业人格的两个要素。

作为领导者，应该端正自己的态度，在工作中尽自己最大的努力，以带领员工不断进步。这不仅是在工作中应该遵循的原则，更应该是一种人生的态度。

1. 领导者要想塑造员工的商业人格，首先要让他们明白“团队利益至上”这一原则

简单来说，是要让员工懂得维护团队的利益。同时，让他们明白，当实现了团队利益的时候，个人的利益也将能够得以实现。

管理大师德鲁克曾说过：“现代的企业组织，不是简单的领导者与员工的关系，而是一个以团队为基础的复杂组合。”因此，在现代化企业管理中，要想打造出一个富有执行力的企业，就必须像西点军校一样，注重企业团队的建设，培养员工们的团队精神。只有这样，才能够调动起每一位员工的责

任感和对企业的归属感，从而让他们最大程度地发挥出个人的能力，强化企业的执行力。

2.“执行”不仅要看过程，更要看结果

很多时候，员工们只知道“绝对服从”上级的命令，认为他们对于企业分配的工作只要去做就行了，但是至于做到什么程度、得到什么样的效果，就不在他们的考虑范围之内了。员工产生这样的想法，是原则缺失所致。这也就导致虽然很多企业的员工看起来都很忙，并且也能够顺利完成企业分配的任务，但是对企业的发展却没有太大的益处。究其原因，正是由于员工们缺乏“结果导向”的思维，他们只注重过程，而忽略了结果。

因此，企业的领导者要向员工们灌输“结果导向”思维，要让他们明白“结果”对于企业的重要性，并督促他们在做事情时，不仅要重视工作的过程，更要明白这样的过程将产生怎样的结果、这样的结果是否能够帮助企业发展等。

第二章

执行工具

——确立执行制度，打造执行体系

一、向西点的制度学什么?

◎ 企业管理中的四大痛楚

制约因素犹如领导者心里的一根刺，也成了企业的管理之痛。

很多领导者不解，我们的企业在发展过程中，究竟是被什么制约，让前进的脚步停滞不前呢？这些制约因素犹如心里的一根刺，也成了企业的管理之痛。

1. 动力之痛

在企业中，员工之所以缺乏工作动力，是因为没有规章制度来保障执行力。

唯有在制度的约束下，员工们才能够更好地行动起来。比如，一件任务下达之后，如果没有给员工规定完成的时间，也许他们就会拖延下去，致使不能顺利执行；如果给他们规定期限，那么他们将会感受到压力，从而行动起来，有更多执行动力。

想要提升员工的执行动力，意识是首要的，只有存在行动的意识，才能够主动行动起来，积极投身于工作当中，因此，企业领导者要想办法培养员工的行动意识，以提升他们的行动力。

为了培养员工的行动意识，领导者一方面要向他们传递企业的价值观和文化，另一方面要对员工表现出足够的关怀和赏识，将他们当作企业的一员来看待。如此一来，员工才会认同企业，并将企业的利益与自己的利益联系在一起，从而培养出行动意识，积极地行动起来。

2. 协调之痛

领导者不仅需要对整个企业负责，同时他也因为是更高组织的成员，所以需要对企业的团队负责。这就要求他必须具有充分的大局观，能够比下属更早更敏锐地看到更高层面的利益和需要，而不是忽视整体、只关注局部，更不能割裂团队之间的情感交流和工作协同。这就需要领导者们想办法克服协调之痛。

我曾经观察过那些成功的领导者，他们在处理内部关系和处理外部协作关系时同样谨慎，在他们看来，团队之间的协作可以帮助整个团队获得更多资源和支持，同时为企业内部的制度协调创造良好环境。在他们这种工作态度的影响下，团队成员也能学习到相应的大局观，并更加愿意主动进行协调和发展。

3. 效率之痛

执行制度第二个要解决的问题便是效率。

领导者亲力亲为，在某种程度上不仅会造成团队工作效率低下，还会打击下属的工作热情。最终有可能造成人才流失。

美国著名杜邦公司的第三代继承人尤金·杜邦就是一个不善于授权给下属的领导者。尤金在掌管杜邦公司之后，坚持“恺撒式”的管理模式，他对公司的大权采取绝对控制的态度。甚至连公司许多细微决策都要由他来独自制定，就连公司所有的支票必须由他亲自开……

尤金的这种绝对式管理，使杜邦公司的组织结构很快失去弹性。在激烈的竞争面前，杜邦公司很难适应环境变化，连遭打击，濒临倒闭边缘。

由此可见，最终击垮尤金的不是企业竞争中的竞争对手，而是尤金自己，是他在企业管理的过程中不善于授权。可见，合理授权对于领寻者实现企业目标来说有着至关重要的作用。

领导者事必躬亲，其实是对下属工作的不信任。由于领导者的不肯放权，下属在工作中感觉自己的价值不被承认，最终导致人才流失。

一个善于授权的领导者会将权力下放，这样不仅能激发员工的工作积极性，还能使领导者落得轻松。如此一来，作为总裁何乐不为？

4. 持续之痛

执行制度是否合理，还要看它是否具备持续力。

俗话说，“一只筷子轻轻被折断，十双筷子牢牢抱成团。”当企业的员工们能够团结起来，为了企业的发展而共同努力时，即使企业在发展的道路上遇到再大的困难，也能够轻松解决。相反，如果企业内的员工各自为战，缺乏团队协作意识，不能够互相帮助，那么企业的很多任务都将无法完成，更别提持续发展了。

企业同样如此，当员工们能够团结起来，将团队利益放在第一位，通力合作、努力配合，才能够为企业创造出更大的利润。因此，如果想要带领企业持续发展，领导者就要通过协调团队利益，将个人的力量进行重新整合，从而凝聚成一股新的强大的力量。

◎ 西点的制度执行力

如果企业制度不能约束员工的执行，那么，员工执行力将会大打折扣。

甲、乙、丙三个人在路上散步时，同时发现地上有一枚金币。甲以为自己看错了，仔细观察起来，想确认一下是不是自己眼花了。乙则兴奋地大声喊道："看，一枚金币。"只有丙在发现金币的同时，第一时间就冲上去，将金币抢到了手中。当然，最后金币也就归丙所有了。在信息变化如此之快的现代社会，市场为企业带来竞争的同时，也提供了大量的机遇。但是，这些机遇却不是所有人都能够抓住的。抓住了这些机遇，就能实现企业的发展；如果让这些机遇从眼前溜走，只会便宜了别人。

同样，在企业的制度设立中，如果它的制度不能约束员工的执行，换言之，企业制度若对执行没有什么积极作用，那么，员工执行力将会大打折扣。缺乏这些执行力，就谈不上高效率的工作。因此，领导者有必要果断出击，学学西点军校的制度是如何约束执行力的。

1. 充分准备，是制定合理制度的"利器"

市场虽然会为我们提供大量的机遇，但是这些机遇却只垂青于那些有准备的、能够表现自己的人。虽然我们有时要等待机遇，但是在等待的过程中，我们应该积极备战，时刻准备着，而不是被动地等待，这样才能在机遇来临的时候，将它们牢牢抓在手中。

如果我们手中有一把锋利的斧头，就不会害怕前进道路上的荆棘；如果我们手中有一把坚实的锤子，就不会害怕砸钉子的任务。这就是所谓的“工欲善其事，必先利其器”。同样，领导者在工作中虽然会遇到各种各样的问题，但是如果我们早有准备（合理的制度），问题便能够轻松解决。

谢尔盖·布林是全球最大的搜索引擎谷歌的创始人之一，他从小就展现出了惊人的数学与计算机科学方面的才能，在小学一年级时，他就曾向老师提交过一项关于计算机打印输出的设计，这在计算机刚刚进入美国普通家庭的时代，是一个非常了不起的想法。尽管布林有如此惊人的天赋，但是他并没有像《伤仲永》那篇文章中的仲永一样停步不前，而是更加努力学习，发挥自己在这方面的特长。17 岁时，谢尔盖·布林成绩突出，获得斯坦福大学的奖学金，并在那里开始自己的大学生涯。

进入大学后不久，对计算机有着浓厚兴趣的谢尔盖·布林，开始关注搜索引擎方面的知识，并发表了一些关于这方面的论文，还写过一些小程序。在以后学习的日子里，他认识了自己未来的合伙人——拉里·佩奇，两人共同学习、共同努力，为以后的创业打下了坚实的基础。

当互联网开始逐渐兴起时，布林和佩奇两人结合他们的专业和学识，创办了一家企业，并逐步完善公司的各项制度，为顾客提供搜索引擎服务，这就是早期的谷歌公司。之后，随着人们对互联网的使用越来越频繁，专门提供搜索的谷歌公司也如鱼得水，其公司内部制度也不断合理化，发展得也越来越顺利。

事实上，很多人都看到了互联网的市场，但是他们却没有成功，其原因往往不在于他们缺乏某种技术，而是他们缺乏这方面的制度，或者说还没有做好充足的准备。因此，对于发展中遇到的问题，他们就无法顺利解决。结果，“全球最大的搜索引擎”这一桂冠被谷歌摘走，而谢尔盖·布林和拉里·佩奇成为了它的共同拥有者。

2. 相信自己，是制定合理制度的“助推器”

要想提高工作效率、提升企业执行力，在制定制度过程中，领导者还要相信自己的判断，果断出击。如果对自己缺乏信心，在制度面前踌躇不前，不敢果断地制定，只会让以前的准备付诸东流；如果在遇到的问题面前对自己的判断缺乏信心，不敢通过制度出手解决，只会让问题越来越大、越积越多，以至于最后无法解决。

老李是某设备公司的总裁，他为人谨慎，做事处处小心翼翼，但是却缺乏主见。

有一次，老李的手下在对一批新设备进行检验时，根据自己所学的专业知识，发现这些设备存在电路设计方面的缺陷，这种缺陷虽然不会马上显现出来，但是却会大大降低设备的使用寿命。手下将这一情况上报老李，虽然根据制度规定，在检验设备时应该根据自己的理论知识进行判断，但是缺乏主见的老李却不敢相信自己的判断，而且这批设备已经被一些老工人检验过了，他们都没有发现这个问题，所以老李就认为是自己多想了，也没有否定公司的制度。

结果，本来这些新设备能够使用一年的时间，但是却在不到两个月的时间里，收到了很多客户的返厂维修请求。不得已之下，老李只好下令将这批设备全部召回，并在企业内部发布了“悬赏令”：谁能修改设备检验环节的制度，使之更加合理，就奖励他5万元，并给他升职。对于这样的“悬赏”，很多老工人都提出了自己的想法，但是却没有解决实质的问题。老李也曾想过要说出自己的想法，但最后还是没有提出，因为他始终在怀疑自己的判断。

可见，自信心对于领导者果断制定制度、解决问题、提升工作效率有非常大的作用。自信心不仅是对自己所学知识的一种肯定，更是对自己的一种肯定。

企业制度不是来家里作客的“客人”，不会在敲门后等在门口，让你有时间去请“他们”进门。“他们”多数时候都是飘忽不定、神龙见首不见尾。因此，当我们一旦发现“他们”时，就要果断出击，牢牢抓住“他们”，不能让“他们”溜走。

而且，如果在工作中思前想后，不立即着手去做、果断行动，只会造成制定制度的拖延，给自己和企业带来更大的负担，这对工作效率的提升极为不利。

二、打造执行体系——3S西点执行工具

◎ S1：事前——计划和责任

计划决定起步的方向，责任决定最终的结果。

西点军校的执行体系共分三个部分：事前、事中和事后。

在事前环节，主要包括计划与责任。

团队之所以制订计划，本身就是为了去除工作中的不准确性，将偶然变成必然，将无规律无安排变成稳定化和秩序化。如果团队领导者对计划都抱有一种“实用主义”的心态，可以为我所用则用，不可为我所用则弃之一旁，那么，团队的员工又将如何看待计划本身？计划真正需要践行时是否能够轻松实行呢？这个问题的答案恐怕就难以肯定回答了。因此，团队领导必须自身示范，充分尊重计划，在制订计划之前可以加以讨论、质疑、推翻、重建，但计划一旦制定出来，就不应该随便推翻放弃，这样计划才能得到其应有的尊重。

而计划的完成需要一个负责任的领导者去落实执行。你是否发现，那些从来都不肯负责人的没有责任感的同事，总是赢得不了大家对他的好感，更赢得不了人心。甚至，如果那个人成了“惯犯”，大家还会说：“这人怎么这样啊，每次都是他耽误事，真不负责任！”久而久之，在企业中这样的人成了令所有人反感的那个人，试想，如果你是这个人，你还会在这里有尊严地工作下去吗?

相反，那些成功的人，其最重要的砝码就是高度责任感。因为，只有高度负责的人才能给人做事的安全感和信任感，才会获得尊重，赢得尊严。

1. 计划是领导者不可离手的工具

在工作忙碌、压力较大的团队工作中，计划是片刻不可离手的工具，团队领导者和成员都需要对计划明确后，才能按照日程开展工作。因此，计划的制订和执行除应受到尊重之外，还应该在其制定之前就分清工作项目的主次，围绕最紧急和重要的工作事项来看待计划。

有一位房地产项目经理，在带领团队工作中，偶尔就会出现计划过多过细的局面。作为团队负责人，一些不需要他来设定、执行和监督的计划，他依然秉持亲力亲为的原则，而另一些重要紧急的工作事项，也被放在同样的地位。结果，团队最终发现，几乎所有的工作事项都是这位团队领导需要马上看到结果的，员工们无法分清自己最重视的应该是计划中的哪一件事情。还好，在参加培训后，这位项目经理逐渐学会了制订工作计划的方法，即充分关注事情的紧急性和重要性，将之组合后排出优先顺序。

2. 计划应关注细节

西方国家曾有一首童谣传播久远：“马钉丢，铁蹄坏，战马折，骑士伤，战斗败北帝国亡。”这个童谣来自于真实的历史，1485 年，英国国王查理三世与里奇蒙德伯爵之间发生战争，马夫在钉马掌时少钉了一颗铁钉，最终导致国王落马、战争败北、国家覆灭。

可见，工作计划不仅应当系统全面、有效执行，同时还应该关注计划中的细节，对于重要工作中的每一部分、每一步骤，计划中都应该有充分的指示和方法，以使执行者保持最大程度的关注力。同时，计划还应该对细节中的问题做出充分预判，从而能够在发生问题时，及时帮助和指示员工采取必要行动解决问题和弥补损失。总之，计划不可缺少对细节的关注，放弃细节，也就意味着计划的无法成功。

3. 把勇于承担责任当作是履行基本职业道德

一个人如果没有良好的出身、优越的条件或地位，要想赢得别人的尊重，让自己工作起来更有尊严，最好的办法和上任的途径就是勇于承担责任。领导者不妨把它当做是在履行最基本的职业道德。只要我们能够认真负责地处理好自己工作中的事务，就会轻而易举地赢得他人的尊重和支持。相反，一个人位重权高，却连承担责任的勇气都没有，这就等于丧失了最基本的职业道德，迟早要遭人鄙视。

◎ S2：事中——检查监督

很多员工都不太“自觉”，缺乏执行力，因此，他们也需要检查、需要监督。

很多企业都面临执行难的问题，原因是有些企业领导者在制定了规章制度和发展计划之后，就不再对企业进行管理，他们认为员工会按照那些规定履行自己的责任。然而事实却并非如此，因为很多员工都不太“自觉”，缺乏执行力，因此，他们也需要检查、需要监督。

东北某家大型国有企业由于经营不善导致破产，后来被一家日本大财团收购。企业里的员工们都在企盼日本人能够带来先进的管理方法和技术，使这家企业起死回生，他们也好保住自己的饭碗。然而出乎意料的是，那家大财团并没有带来新的技术和管理方法，也没有对原有的企业结构进行改组，他们只是派了几位管理人员过来，其他一切都没变。唯一不同的是，日本人来了之后，提出了一个要求，那就是必须严格按照企业的规章制度办事．如果有违反相关规定的，就会毫不留情地对其进行处分。就这样，在这种检查、监督之下，那家企业最终扭亏为盈，又重新运转起来。

1. 分配任务之后应进一步加强检查与监督

人都是有惰性的，如果企业的管理制度十分松散，或者是形同虚设，那么员工就容易出现懈怠的情绪，从而在工作的时候也会能拖就拖，实在拖不下去了才会去执行，而此时的执行往往已是时过境迁，失去原有的价值和意义。因此，当企业领导者向员工们分配任务之后，不能放任不管，而应该加强对他们的检查与监督。一方面，领导者要按时询问员工的工作进度，以保证他们确实在执行任务；另一方面要不断督促他们按时，甚至是提前完成任务，为他们施加一定的压力，从而保证他们的执行力度。

2. 做监督自己的“秘书”

领导者除了要监督他人执行，也要时刻监督自己。

在工作中，我们都有这样的感受——被监督才会出结果。尤其是领导者，如果工作总是被各种会议、大大小小的事打断，就会步履维艰。所以，尽管一天的工作被打断是难以避免的，但要想提高执行力，就要防止工作时断时续。首先，如果有一些不重要的人士来找你，不妨直接以没时间为由拒绝。尽管逐客或避而不见可能会让你感到不好意思，但是犹犹豫豫却是比浪费时间更坏的结果。其次，要监督好自己，不要总是有事没事地分散心思，把精力尽可能扑到一件事情上才是王道。

◎ S3：事后——公平奖惩

只有完善奖惩制度，制定真正合乎情理的制度，才能让奖惩变得更为有效。

有些团队领导者因为是企业的股东或所有人，因此经常采用任意的奖惩方式，并没有将奖惩制度化，形成对员工固定化的指导。实际上，只有完善奖惩制度，做到真正的合乎情理形成制度，才能让奖惩变得更为有效。

赵兵所在的公司是一家小型的私人企业，他当初之所以选择来这里上班，主要是觉得这里的工作环境很好，而且专业对口。刚开始工作的时候，赵兵很卖力，觉得既然做事就要做好，而且只要自己做得好，一定能够在公司出人头地。但是，不久后赵兵就发现，事情远没有自己想象的那么简单。

原来，在这家小型的私人企业中，虽然也有绩效考核和奖罚制度，但遗憾的是，这种制度根本就没有予以实施，只是一种摆设。由于没有约束，公司里的其他员工都很懒散，只有属于自己的工作才会去做，而且做得也不够好，至于别人的工作，他们问都不问。而且更让赵兵气愤的是，尽管自己工作很辛苦、做的事情很多，但是到月底发工资的时候，自己竟然和那些不做事的同事拿同样的工资。于是，慢慢地，赵兵的工作积极性也越来越低，执行力也随之下降，因为在他看来，干多干少都拿一样的工资，为什么不让自己轻松点？

从上面的例子中我们能够看出，企业中绩效考核和奖罚制度的完善与否，将直接影响到员工的工作执行力。而且，这些制度不能只是写在书面上，而应该正式应用于实践当中，那样才能取得好的效果。因此，领导者在建立相关制度时，应该将对员工的绩效考核的重视程度上升到一个新的高度，要让员工们看到，企业能够公平、公正地对待他们，只有这样，他们才会努力提升自己的执行力，才会继续留在企业中为企业的发展效力。

如果企业领导者无法做到奖惩公正，那么任何完善的激励制度都不会产生实际作用。因此，企业领导者就要一方面执行制度，另一方面充分了解员工的工作成绩，不要有失偏颇，使奖励的对象错了位。只有做好这两点，才能够充分调动员工的工作积极性，为企业培养出更优秀、更有执行力的员工。

1. 执行之所以难以到位，是因为员工对奖惩力度的无视

在一些缺乏公平性等必要制度的团队中，同样的行为发生在不同员工的工作过程中，可能得到的评价和奖惩情况并不相同。例如，同样是一份报告中出错，业绩好的员工可能只是得到一两句批评，而业绩一般的员工可能就会遭到扣钱的惩罚，这样的奖惩过于主观，导致员工忽视了奖惩行为代表的制度意义，他们将会把自己获得的奖惩更多归结于人际关系或者运气问题，而看不到其背后体现出的制度对执行力的要求。

2. 重视制度，等于抓住了奖惩的公平性

企业领导者要将心思用在员工的绩效考核和奖惩制度上。

由于绩效考核和奖惩制度关系到员工个人的切身利益，所以，企业内所有的员工都非常关注这一问题。在一个企业中，如果领导者能够处理好绩效考核和奖惩制度两方面的问题，那么企业的员工就能够受到相应的激励，从而为企业发展贡献自己的力量；相反，如果企业中绩效考核和奖惩制度出现问题，则会打击员工工作的积报性。

第三章

执行原则

——锻炼高中基层，打造执行平台

一、狼性原则——培养强大团队的哲学

◎ 唤起中国企业的狼性

一个一流的狼群是由一些一流的狼组成的。

一个一流的狼群毫无疑问都是由一些一流的狼组成的。企业也是如此，一个一流的企业必须拥有一流的人才。正所谓21世纪的竞争，主要是人才的竞争，如果你的企业缺乏必要的人才，那么也就无法获得生存，更不用说壮大和发展了。是时候唤起中国企业的狼性了！

我们应该看到，韩国的LG电子公司无疑是一个一流的企业，而支撑起这个一流企业的，就是一群一流的人才。

韩国LG电子公司成立于1958年，是韩国第一家电子公司。多年来，LG电子一直坚持“一等人才”的企业策略，培育企业核心竞争力，从而才能逐步做大、做强，成为世界电子企业的后起之秀。现在，LG电子在全球30多个国家建有工厂，有 12 个海外科技开发实验室，60 多家子公司及办事处，拥有雇员 5.5 万人。LG 电子业务涉及信息通信业务、数码家电、数码显示及媒介产品和显示设备 4 个领域，并且已经成为数码电子产品领域的全球领导商，正朝着世界“一等企业”迈进。2003 年度，LG 电子在《财富》“全球 500 强”中名列第 261 位，年营业收入 178.36 亿美元。

企业是一系列资源和能力的集合体，是以追求利润最大化为目标的经济组织。从本质上讲，企业核心竞争力就是指企业的生命力，企业的发展力，企业获取超额利润的能力。因此，要构建企业核心竞争力，必须具备优秀的人力资源、货币资本、技术创新专利、自主知识产权、政府特许以及稀缺的原料来源等资源要素。

资源要素和能力要素是培育企业核心竞争力的基础，产品要素是实现企业核心竞争力的手段，利润要素是构建企业核心竞争力的结果。

在资源要素中，人是“第一资源要素”，而高级管理人才和高科技人才更是企业的稀缺资源。在全球经济一体化、市场竞争白热化的今天，是否拥有能够不断整合企业资源和能力的高级管理人才和不断实现客户价值的高科技人才，更成了决定企业能否实现生存和发展，乃至走向国际市场而立于不败之地的关键。

因此，LG 电子认为，一个组织需要有丰富多样个性的人，才能形成充满活力与创意的组织，当然他们要在组织的共同目标和愿景基础上加以协调，最终成为个性鲜明的组织人，并且最重要的是，他们必须具备强效的执行力，能够将组织交付的任务及时完成，以期实现组织的利润最大化。这就是 LG 电子所说的“一等人才”。要迈向世界的“一等企业”，就必须要拥有这样的“一等人才”，这才是企业发展的不竭动力，是培育企业核心竞争力的基础。只有一流的狼才能构成一流的狼群，一个企业只有具备一流的员工，企业的执行力才能达到一流。纵观那些已经获得成功或者正在获得成功的企业，无一不是具备优秀人才的企业。对于企业来说，要想让执行力获得提高，不妨从提高员工的整体素质开始。

1. 提高员工整体素质从注重小事开始

领导者应该意识到，很多员工都存在“把大事做好就行，小事能过去就过去”的心理，在他们眼里，那些鸡毛蒜皮的小事，实在不值得一做。但事实上，不要小看工作中的任何一件事，因为每件小事中都暗藏着大的机遇，而这些小事往往只是员工举手之劳。例如：办公室没水了，主动给送水公司打个电话；打印机没墨了，主动给填满……如果员工能做到这些，整体执行水平就会有所提高。

2. 提高员工整体素质从改掉拖延的坏习惯开始

尽管人人都知道拖延是一种不好的习惯，但却很少有人能够说服自己从此告别拖延。要改掉拖延的习惯，最好的办法就是告诉员工每接到一项工作时，就立刻动手去做。因为拖延一分钟，工作就会难做好几分。凡是应该做的事就不要拖来拖去，而是立刻去做，这样做除了可以避免把事情留到将来，同时还能让员工更早一步发现问题，及时解决，从而事半功倍。

◎ 狼性领导者的四大战略底线

守住战略底线，才有美好未来。

狼性领导者有四大战略底线，分别是战略底线、价值观底线、战略目标底线、控制底线。

1. 战略底线

在员工的眼中，执行就是做好一件事，这同员工个人的能力、经验和职位、目标都有着重要联系。但作为企业的领导者，对执行更应该采取战略眼光来加以观察。

例如，一些部门团队的领导者，不能仅仅从自身部门的利益来设计制度、进行监管，也不能只从部门的现有条件来对执行加以要求，这就对领导者提出了更高的要求，他们必须要考虑到其他部门和自身部门之间的合作和协调，同时考虑到对客户那些貌似并不直接的影响。

这就意味着领导者对团队建设的观察应该有着更高的起点，既要联系对企业整体战略方面的正确理解，也要能够看到自身团队的需要，两者在实际上充满了内在的联系，而这样的联系将会推动执行力的整体上升。

2. 价值观底线

现实工作中，企业员工经常忙于自身工作，因此缺乏必要的交流时间和机会。随着这种情况的持续，他们对于团队愿景和利益的关注开始减淡，每个人的自我意识开始增长，而共同意识不断减退。特别是一些技术团队或销售团队中，由于成员之间的交接班、任务档期或工作时间自由安排等原因，无法在一起长期工作，这种情况会表现得更加明显。

因此，团队领导者需要通过前期的工作，梳理出员工会在哪些情况或条件下，对团队愿景和利益产生积极的共同意识。

团队精神，就是整个团队内具有的相同价值观和理念，这种价值观和理念表现为整个团队内人群的共同文化乃至信仰。因此，团队精神是一个团队的灵魂所在。一个团队是否真的配称为团队而不是群体，是否不是散沙而是坚实的堡垒，同样在于他们是否因为形成了团队精神而具备了共同承认的价值观，因此产生了相同的意志和行动。只有获得了这样的成效，团队才能具备灵魂和战斗力。

3. 战略目标底线

大家方向一致，企业才能持续走到最后。团队的定义，是一个拥有共同愿景、共同理念，为共同目标而遵守制度并进行协调工作的人群组织。而这样的组织之所以能够称为团队，是因为凭借其提供的一定环境和平台，能够凝聚其中员工个体的各自力量，并综合他们不同的力量完成目标，从而实现其不同需要。

4. 控制底线

团队的领导者不可能单凭其个人能力来控制每个员工，而员工个人的工作行为又的确需要控制，同时也需要和整个团队的群体进行共同协调。在这样的要求下，团队执行精神将能够产生良好的控制和协调作用。

由对团队执行精神的了解和认可开始，团队本身将形成充分的观念力量，形成积极向上的氛围，并形成良好的默契和沟通，提供给每个员工以充分的行为规范。同时，这种规范并非由上而下的强硬指导，而是不同于传统硬性控制的内化控制。通过执行精神的渗透和浸润，领导者不需要再努力让员工的行为符合某种规范，而是可以保证员工的意识更加适应团队。另外，领导者也不需要总是将时间花费在对员工个人某些短期行为的指导上，而是转向利用团队执行力来对其价值观和目标进行持久的控制。

◎ 狼性领导者的三大定位

定位是开展一切工作的开始。

定位是开展一切工作的开始。而狼性领导者也需要掌握三大定位法则。

1. 领导者就是企业的发展方向

在草原上生存，狼不仅要时刻注意猎物的移动方向，而且还要时时刻刻提防其他动物对自己狼群的威胁，比如说草原之王狮子、短跑冠军猎豹，甚至还有讨厌的豺狼，对于小狼的威胁都是很大的。一旦发现威胁，狼就会当机立断，要么潜回洞穴，要么选择转移。狼之所以优秀，这和它果断的决策力是不可分割的，就像一次完美的猎杀一样，也是因为狼的当机立断，它才最终获得了成功。否则狼群很可能难以度过干旱难熬的季节。

从某种程度上来说，头狼的决策力也影响着狼群的执行力。因为只有头狼先决策了，狼群才知道该如何去执行。狼群如此，企业亦是如此。

2. 领导者是企业文化的第一推动者

在团队建设的过程中，团队文化是支撑着其发展的坚实基础，对整个团队有着不可或缺的重要性。因此，领导者应该执着于推动团队的文化建设，以此获得员工向上的工作精神和群体动力。

那么，在团队文化的建设起点，领导者首先应该关注的是这样的问题：你的团队究竟有没有文化？解答这样的问题，首先应该按下面的要点来认识不同层面的文化，然后再根据团队的实际情况加以认识和分析。

团队文化的建设中，经常会出现一些比较反常乃至奇怪的现象。但问题是，这些现象往往在团队中人看起来不以为怪，而如果站在团队以外进行观察，则很容易看出这些现象所代表的团队文化的问题所在。

通常，团队文化问题会集中体现在下面这些方面：首先，由于潜规则文化的滋长和建立，团队原有的制度文化被侵蚀甚至被取代；其次，由于管理层文化和基层文化之间的差异，导致形成的决策在团队实际操作中无法具体实施；再次，由于团队文化的限制和影响，细节总是无法完成到位；最后，错误的基础团队文化，导致不断有人际关系的矛盾产生。

对此，领导者需要做的是对问题进行纠正，以便帮助整个团队获得必要的改变。

3. 领导者至少要将1/3的时间用在客户身上

领导者之所以将1/3的时间用在客户身上,是因为要树立以客户为中心的理念。客户是流程管理的源泉与中心，没有客户存在，流程管理就不能发挥它的作用。因此，我们要将顾客放到最重要的位置。

为了倡导“将顾客放在第一位”的企业价值观,为顾客提供最优质的服务,海尔集团总裁张瑞敏以身作则,积极响应客户提出的各种要求。在他的带领下,海尔集团的员工也养成了“凡是客户提出的要求，都会迅速反应，马上行动”的行为。而且，他们都将“客户永远是对的”这句话当作执行理念，并且严格按照这样的理念执行工作。张瑞敏通过实际行动将这些价值观灌输给员工，使他们对其产生共鸣，从而把它转变成执行力。

◎ 狼性领导者的三大方针

企业有了正确的方针，员工才会按照正确的路线前进。

打造狼性团队就是要从狼的身上学习企业管理方面的相关知识，这对领导者将是一个很好的借鉴，对于打造一个强执行力的团队也是十分必要的。过去我们常常存在“狼心狗肺”和“狼子野心”等说法，其实这是对狼的不了解，狼的身上有许多值得我们学习的性格。第一，扬长避短。狼其实也想当兽王，当它深知自己不是老虎，于是转做草原霸主，且他们在捕猎的时候，不达目标决不罢休，作为企业领导者也应当扬长避短，懂得关注。第二，齐心协力。狼在战斗中具有优秀的团队协作精神，为了达到共同的目标，它们可以牺牲自我以实现团队的利益。第三，法不容情。狼是群居动物，且是动物中最有纪律和秩序的族群，当头狼确定，其他狼都会严格服从头狼的指挥和分配。第四，卧薪尝胆。狼为了获得最终的胜利和更长远的利益，宁可选择长期的等待也不轻易出动。

可见，当今世界是一个弱肉强食、适者生存、强者战胜弱者的时代，只有遵从正确方针，不断强化和提升团队的执行力，用文化和机制进化团队，优化团队，优胜劣汰，狼性十足，才能促使企业和团队在进化中更加强大，更加坚不可摧。

1. 黑白分明

在现代企业管理中，领导者常常会遇到这样的事情：企业领导在给下属分配任务时，下属们不理解任务的内涵，以至于最后任务完成时才发现原来做错了事情；还有些员工由于对事情的看法和标准不一样，所以在执行的过程中有分歧，以至于互相之间不能通力合作，为执行带来困难。对此，一些黑白不分的领导者就会失去理智，在会议中大骂一通。然而，这样粗暴的做法并不能解决问题。遇到类似情况，最重要的是黑白分明，保持清醒的头脑，冷静分析问题的根本，先找原因再解决问题。

2. 敬畏客户

小高是一位年轻的新培训师，他曾经给客户做过一次培训讲座，在讲座中，由于培训之前准备工作的不足和经验的欠缺，他漏掉了一块重要的内容没有讲，客户相当不满，对小高提出了批评。实际上，如果领导者能组建出一个项目团队，为新培训师在上岗前做出具体的指导，提出必要的意见，相信小高就不会在职业生涯的初始阶段犯错。说到底，是因为企业领导者没有把客户当一回事，所以相应的对策就不够完善、全面，下属才会出错。

3. 行动就是硬道理

我们常说“心态决定行动，行动决定结果”。如果有了想法和计划，那么就是成功了一半，而要想获得最终的成功，另一半就是去做。拥有向往结果的心态是成功的第一步，接下来重要的就是去执行、去行动。就像我们饿了要吃饭一样，只有做好了食物，才能将其最终吃到肚子里，如果只有做饭的想法，却不去付诸实践，那么即使再优秀的厨师也要被活活饿死。

因此，要想获得结果，首先领导者要率领员工行动起来，坚决按照既定方针和计划执行任务。

很多企业员工在执行过程中遇到问题，往往都是由于缺乏一个统一的执行标准，一旦确立了这个标准，他们在执行过程中就能有依据和参考，也就能避免问题的产生。所以，执行标准的确立，对领导者而言是一件非常重要的事情。另外，在确定执行标准时，一定要明确，不能模糊，如果标准都是模糊不清的，那么员工们最后执行的结果也不会是清晰的。

◎ 狼性领导者原则：迫使员工进化

用迫使的力量让员工不断进化，员工和企业才会越来越强大。

作为企业领导者，要学会给员工提供终生就业的能力，而不是终生就业的机会，只有不断进化，才能打造一支强执行力的团队。

曾经有人这样描述过华为公司：如果你想打电话，就离不开程控交换机；如果你想上网，就需要使用路由器；如果你想发短信，就需要用基站和电话预付卡……而所有的这一切都离不开华为公司的领导者任正非。

任正非最早是部队中人，严格的部队生活教会了他宠辱不惊和敢做敢为的处事风格和良好心态，他 43 岁从部队转业，1988 年与几个志同道合的朋友怀揣着东拼西凑来的 2 万元钱成立了深圳华为技术有限公司，并任企业总裁。当时，大陆的电信行业因为恶性的市场竞争处于举步维艰的境况，国外的电信巨头却希望借此机会打垮中国的电信行业，这个时候的任正非却以顽强的意志和不服输的精神带领手下员工不断突破、顽强抗争，终于迎来了华为公司发展的春天。如今，华为公司已经成为了世界一线著名的 GSM 设备、交换机产品及接入系统的佼佼者，任正非本人也成为了中国最成功的企业家之一。

任正非在企业的管理工作中始终推行拼搏求存、强性进化的“狼性文化”。狼是食肉动物，为了生存必须要不断进化，这样才能努力战胜并吃掉对手；任正非也深深地认识到狼总是具有敏锐的嗅觉和勇往直前的勇气与不屈不挠的精神，它们机智凶猛，具有良好的团队合作能力和顽强的战斗力。狼文化体现了进化论的核心观点：强者生存、弱者淘汰、不战则亡，卓越靠磨砺，优秀靠淘汰。

1. 华为公司的“进化论”值得领导者学习

从任正非的身上，我们看到了华为公司的进化理论与进取精神，看到了狼性文化的生存与奋斗精神。作为企业的领导者，一定要迫使员工不断进化。竞争会使人进步，安逸则会让人退化，最终因为安于现状、不思进取而被残忍地淘汰，退出竞争的舞台。所以，企业要想保持积极向上的生命力与充沛的发展活力，一定要引入必要的竞争机制，营造一定的危机感，迫使员工不断进化与提升，从而去其糟粕、取其精华，永远保持旺盛的生活活力与工作创新的动力。

优胜劣汰原本是达尔文进化论的一个基本观点，意思是说大自然中的所有生物都始终遵循着一个基本的生存法则：生命力强的，能够适应外界竞争的生物才能够生存下来，适应力差的、竞争力不够的生物就势必遭到淘汰。团队的建设与打造也是一样的道理，团队是一个统一的有机整体，为了保证团队效率的提升与步伐的高效统一，团队中的每一名成员都要努力适应并达到团队的强化要求，怎么努力都达不到要求的成员势必要遭到淘汰，不能因为个人影响到集体的效率和前进的步伐。例如，团队中的优秀成员占百分之六十，中等成员占百分之三十，差等人员占百分之十，公司会关注并重用那百分之六十，努力提升那百分之三十，剩下的百分之十，无论如何也无法跟上团队的速度，按照优胜劣汰的竞争法则以及残酷的市场竞争，他们最终的命运只能是被淘汰。

王总是一家餐饮连锁企业的总裁，在多年的餐饮经营工作中，他积累了丰富的工作经验与管理经验，尤其是在团队建设方面，他总结了一套独特的、运用价值极高、效果明显的方法和途径，即团队的优胜劣汰管理制度。

优胜劣汰本是大自然当中的生存现实与存在规律，如果想要获得生存就没有任何一个生物能够跳脱这样的竞争命运，其实人类也是如此，尤其是经济高速发展和变化的时代，想要在社会上、公司里以及团队中争得自己的一席之地，实现自己的人生价值、获得他人的认可与尊重，就要加倍地努力，勤奋地工作，积极地思考和踏实地付出，这样才能在竞争中始终处于不败之地，才能在优胜劣汰的残酷竞争中获得胜利，赢得生存与发展。

2. 在进化的过程中强化危机观念

市场的竞争环境是处于不断变化之中的，在进化的过程中，企业可能随时都会面临这样那样的阻碍和困难，当困难来临的时候，作为企业领导者及其企业员工应当如何积极地加以面对和阻挡，是每个人都需要掌握的。所以，员工在日常工作中应当增强危机意识，珍惜目前的工作岗位，经常反省和审视自己的工作态度和工作方法，提高工作技能和爱岗敬业的思想意识，不断增强工作的责任心和使命感，不断提高综合素质和工作水平，以适应企业不断发展的要求，应对可能出现的变化和危机。

◎ 领导者常犯的执行七大错误

领导者也是普通人，是普通人就会犯错。

金无足赤，人无完人。领导者也是普通人，是普通人就免不了要犯错。然而，这不是重点，重点是要尽早知道容易犯下的错误，提前避免。就算不小心犯错，也有对策改正。

李总是当地一家较为知名的保健品生产与销售公司的领导者，该公司一直生产熊胆制品以及中老年保健品，主要的产品类型在市场上获得了很好的反响与口碑，公司的生意也一直发展得较为稳健且不断攀升。2008 年以后，由于经济危机的影响以及市场整体需求的紧缩与饱和，李总的公司也受到了一定的影响，于是，在公司下一阶段的战略调整工作的制定方面，李总必须做出选择，那就是在熊胆制品和中老年保健品之间选择留下一个并放弃一个，二者共存的局面已经难以维持。

经过分析和商议，李总坚持选择保留熊胆制品的生意，放弃中老年保健品的市场。李总之所以选择熊胆制品，首先，是因为公司在成立之初就是从这块业务起步的，在这个业务领域有更多的经验和方法，同时销售店面以及经销商、国内供应商也都维护得很好；其次，熊胆制品的利润较高，将有利于企业效益的提升速度，在效益达到一定程度的时候，在继续将中老年保健品启动也为时不晚。

但是，让李总没有想到的是，随着社会的发展，人们的环保意识逐渐增强，尤其是公益活动的大力推广，人们普遍认识到熊胆提取过程的残忍以及活体采集方式对熊的伤害和痛苦，熊胆制品的生意渐渐难以在市场上立足，产品大量的积压让库存的消化成了让李总非常头痛的问题。而这个时候，中老年保健品的生意却异常红火起来，随着人们生活水平的提高，罹患高血压、糖尿病等心脑血管、内分泌方面疾病的中老年患者逐渐增多，越来越多的中老年人群开始格外重视自身的保健，对相关保健品的需求也在大幅度提升。由于企业战略方向的错误制定，保健品产品早已停产，以前积累的良好口碑也早已随着产品的消失渐渐烟消云散，此时剩下的只是大量熊胆制品的积压库存无处倾销。

由此可见，领导者一个错误的决定就让企业蒙受了巨大损失，为此，领导者们有必要提早知道在执行过程中最容易犯下的七大错误。

1. 过于追求完美

许多领导者过于追求完美，吹毛求疵。这会导致执行效率降低。虽然追求完美有利于创造更好的结果，但过于追求完美只会浪费更多的时间成本。要知道，工作时间的每一分钟对于企业而言都是一笔庞大的开支。

2. 不承认现实

对领导者而言，除了金钱与利益，经历最多的恐怕便是公司的人事变动，员工的分分合合。人员的流动性对每个企业而言是再平常不过的事情了。为此，领导者不必伤春悲秋，只有承认世上没有不散的宴席，才能懂得团队靠什么凝聚。

3. 眼睛里只容得下“明星员工”

所谓“明星员工”，就是那些能力突出，或有特殊技能的优秀人才。如果一个领导者的眼睛里只容得下“明星员工”，反而会使“明星员工”处于不受欢迎的环境，以至于无形中牵绊了“明星员工”的成长，更难以发现其他员工身上的特长。

4. 处处是重点（或者说工作无重点）

如果一个领导者在会议中说：“本项工作共有十项重点。”想必员工们一定听得一头雾水。这表明或许连领导者自己还没进入状态，因为连他自己都分不清重点到底在哪里。处处是重点的另外一层意思就是没有重点。

为此，领导者最好避免四面出击，如果你什么都想要，往往就什么都得不到。在管理员工执行的过程中，承认有所得有所失，才能懂得何为真正的成功。

5. 乐观和速效

通常情况下，跑得最快的选手很难在长跑中获胜，取得最终胜利的一定是那些对困难留有足够余地的人。尤其是在企业建设中，领导者们千万不可抱有侥幸心理，业绩最好的时候往往就是失败的种子长得最快的时候。

6. 该放手时不放手

著名企业家柳传志曾经说过：“如果有一个项目，首先要考虑有没有人来做。如果没有人做，就要放弃了，这是一个必要条件。”所以，该放弃时就要适时放弃。

7. 一味地迷信创新

摩托罗拉的创始人高尔文说过：“创新从本质上来说是一个赌注，并不是任何时候、任何条件下都有资格去赌。”这并不意味着领导者不需要创新，而是不能盲目创新。知道什么是标新立异，才能懂得什么是成熟。

二、中层执行力——西点军校是如何做到“三统一”的？

◎ 中层决定成败

中层是企业的中坚力量，中层决定成败。

进入21世纪，企业只有责任感是远远不够的，企业界最缺乏的是具有较强执行力与领导力的中层来作为部门领导者，每一个企业都需要领导者来带领团队实现自己的目标。执行力的强弱与中层的领导力有极大的关系，领导者最重要的特质是领导力，而领导者对企业的最大作用就是他的领导力的发挥。领导力是决定企业成败的关键因素。在一个企业中，发展目标的确定、战略规划的制定、内外环境的分析和判断等，都需要领导者来进行决策和实施，并由中层负责落实执行。

当企业有了一定规模，各个部门已经细分到一定程度，企业领导者因没有足够的时间与精力对企业里的大小事宜都亲力亲为，于是委托某一部分人协调并代理自己的工作，因此产生了中层这一岗位。锻炼中层，提高中层的执行力也是企业领导者功课的一部分。

作为领导者，不可能对每个部门的专业技能都精通在握，更不可能事无巨细地照顾到每个部门的具体情况。这时，就需要中层在某些方面代替上级处理企业内外之事，以协助上级工作更好地展开，为企业创造价值，所以中层领导者在企业中起到举足轻重的作用。

杰森在古德广告公司任部门主管，最近他发现老总脾气不太好，经常为了某一件小事火冒三丈。而手下倪妮又是个直肠子，每次要他向总裁汇报工作的时候都不知道避重就轻，甚至抑制不住自己的情绪时还会对总裁的决策大肆批评一番。如此一来，倪妮往往在办公室里和总裁吵得不可开交。

杰森对此表示既同情又无奈，但却不闻不问。

有一次，有一个项目因为时间确实很紧张，所以往后拖了好几天才完成。这次是杰森一边汇报工作，总裁一边破口大骂其手下的人办事不力。杰森也很不服气总裁的处世态度，也越来越看不惯总裁的火爆脾气，于是摔门而去。

而每次杰森铁青着一张脸从总裁那边回来，下属们就知道肯定又没好日子过了。这天，倪妮看见杰森从远处走来，就立刻跑回办公室大喊：“大家注意了，末日又要来了。”

原来，如果手下和总裁发生争执，杰森总是一笑置之，但如果杰森从总裁那里受了气之后，回来就会对员工大发雷霆。

“艾斯，你看看你的文案写得成什么样子，真不知道当初你是怎么混进公司的？”

“李莎，你也没好到哪儿去，提上来的报表你仔细检查过没有，你知不知道有多大的漏洞？”

“王君，你就更不用说了，就知道给我添麻烦。因为你，我在上级面前丢尽了脸。”

……

杰森数落一番过后就会掉头离开，仿佛下属只是他的撒气桶一样，以至于手下们纷纷抱怨，杰森只知道教训人，却从来不协调员工与领导者的关系。

久而久之，很多受不了杰森的员工都调到了其他部门或纷纷离职……

领导者应该意识到，中层作为上下级之间的桥梁，正确处理好与上下级之间的矛盾很重要，领导者设置中层位置的目的之一，就是希望各种问题在中层总裁这里能有个转化的余地。所以，领导者要锻炼中层理清自己的角色和职能的技能。让中层无论在什么条件下，都不可惹怒上级，也不能对下属的以下犯上置之不理，更不能把自己的情绪带给下级。对待上下级的关系，应以沟通为主，及时调和上下级之间的矛盾。另外，即使员工没有把工作做好，也没必要把脾气摆出来，而是要检讨并反省自己工作是否有失误，做到及时、有效地沟通加以补救而不是任由事态发展。

领导者还应让中层明白，不管领导者做事的热情有多高，脾气有多大，因为和员工的固有距离及中层领导这座桥梁，到达基层时，已经是不冷不热的余温了。那么，作为中层，不仅仅要在矛盾之时架起沟通的桥梁，更重要的是为总裁分忧解难，为下属出谋划策，而非一味地抱怨总裁，指责下属。通过这个案例，我们可以看到，杰森不但没有扮演好这座桥，反而将上级、下属冷冷地隔在了桥的两边。

那么，领导者应该如何培养中层的执行能力呢？

1. 培养中层的高效领悟力，率先垂范，身体力行

对上不服气，对下不管理只是权宜之计，也不是一个中层应有的工作态度。事实上，很多矛盾的出现都是由于中层事前领悟不透彻，事中执行不到位造成的。

领悟能力是指做任何事之前，千万不要一知半解就埋头苦干，到头来事倍功半。而执行力就是企业中层理解并组织实施的能力，执行力的强弱直接决定了领导者的决策是否能在下属间推广下去，是一个项目成败的关键所在。首先，领导者应告知中层应在这两点上率先垂范，身体力行，不要万事等到僵局已定，

无法弥补时让各方用怨气去对峙。

2. 培养中层及时、有效沟通的能力

企业里，往往是员工等待听命，领导者等待结果，而这些都需要中层具备较高的主动性来贯彻执行。领导者应该锻炼中层学会主动搭“桥”，及时、有效沟通。具体表现在中层应该多替领导考虑，多为员工着想，这是职责所在，更是领导者分内之事。我们回过头再看前面的案例，倘若当倪妮和总裁出现第一次争吵时，杰森就及时与双方沟通、调和矛盾，解决问题，就可以避免越来越糟的局面。

◎ 中层的角色转化

让中层认清自己的角色，是高效执行的前提。

日益激烈的市场经济环境里，企业和领导者对中层的要求变得愈来愈高。中层不止应该胜任富有效率的日常管理工作，还要领导员工团队整体提升能力，在完成既定任务的情况下，时刻准备应对新的挑战。领导者应该培养中层学会扮演不同的角色。

举个简单的例子。A 公司依赖着市场部的工作而生存，李亚茹负责市场部的开发工作。

李亚茹工作努力，经常加班到很晚。一次，关系很近的朋友问她，只不过是一个市场部主管，何必这么卖命？李亚茹淡淡一笑说：“就算我管理工作做得再好，也不会成为真正的成功者，自己不可能一辈子给总裁打工，总有一天，利用积攒的人脉和经验，我也会当总裁。”

不久以后，李亚茹升职了，担任市场部经理。她更加投入地工作，因为不太相信员工，李亚茹往往自己去联系更多客户，自费请客户出去娱乐，又自己设计新的销售区域扩展方案，如果来不及请示领导，就先开始实际操作。有时候，员工犯了一些错误，李亚茹会大发雷霆，根本不听解释，直接让员工走人，然后再向总裁报告。而对于她欣赏的员工，李亚茹则直接通知财务部准备奖金。市场部越来越像李亚茹的私人地盘，到最后连招聘新员工的事情都要有他来拍板。

公司上下渐渐对李亚茹这样的行为有所看法，总裁也有所耳闻。他旁敲侧击地问李亚茹，李亚茹不太在乎地说：“总裁，当员工时我的业务你也看到了。我本人是专业搞管理的，就要信任我。”

可不久以后，C 公司向李亚茹开出了高薪。李亚茹抵挡不住诱惑，突然跳槽了，还带走了自己团队中的几名骨干。结果，行业内很多人提起李亚茹，都连连摇头，对她的评价只有一个：她太缺乏职业感了。

领导者应该让中层知道，要成为优秀的领导者，最重要的是把握自我，提高修养。工作中，李亚茹越来越进入领导者的角色，自作主张，特别当 C 公司试图挖角的时候，她表现得更是毫无职业道德。

中层不同于领导者。中层更注重理性和控制，侧重解决实际问题，不需要个人英雄主义。李亚茹对待管理目标经常投入过多的私人感情，放进太多的热情，她设立目标是为了展现自我，为了广交人脉，并不是在完成领导者所需要的管理目标。在面对机遇时，李亚茹表现得更有野心和占有欲，而不像相对循规蹈矩让领导放心的中层。

领导者应该让中层这样做。

1. 反思缺失的角色

中层员工想要成为完美的领导者，应当学会针对自我角色进行反思，有效地找出不足所在。领导者可以建议中层，通过每日记录的方式来尽量明确自己的不足。比如，做出一个包含十种角色特质的表格，然后在一天结束的时候，根据当天工作的实际表现,反思自己的不足,进行相应的记录。长期坚持记录下，就可以看出自己缺失严重的角色，从而定下自己的成长目标。

2. 弥补角色的不足

中层不需要“眼高手低”，既然选择了这个角色，就不要错位地试图成为领导者。通过对领导者的请教和同行的探讨，以及面向下属的交流，可以学习到更多的管理方法和业务能力，能够充分弥补自己的角色不足；还应该在前述的表格中加入一个弥补环节的记录，这样不仅可以通过表格体现缺点，也可以促进弥补的过程。

成为合格的中层，道路是曲折漫长的，成熟的过程注定充满艰辛。然而，在奋斗的彼岸也会拥有更大的成功，很多成熟的中层已经成为了这个行业的传奇人物。只要领导者耐心培养，相信不久将来，你公司的很多中层也会加入这样的行列！

◎ 中层的定位——西点军校的“三统一”

领导者应该让中层员工明白自己不是解决问题的“万能药”，也不是可以一出问题就抛出来的“乾坤圈”。因此，领导者有必要让中层明确自己的定位。

中层在企业中扮演的角色，应该是领导者针对企业设计方案的有效协助者、实行决策的有效贯彻者、管理基层的有效代言者。在这些职责定位中，领导者应该让中层员工明白自己不是解决问题的“万能药”，也不是可以一出问题就抛出来的“乾坤圈”。

领导者对于中层的信任，建立在承认中层的能力基础上。需要中层完全能够独当一面，在领导者不出面不干涉的前提下，顺利解决日常工作中的各种问题，对于频繁把自己当法宝祭出来的手下，领导者只会因为他们的推脱而产生无助的失落感。因此，领导者有必要让中层明确自己的定位。

葛瑞是公司的行政主管，兼管内部考核方面的工作。由于他的工作总是牵涉到员工最直接的个人利益，因此，有数不完的问题要面对。最近，他不知从哪里学到一个方法：既然公司是领导的，那么困难的问题也可以推给领导来解决。

领导开会决定给所有员工相应涨薪，高层内定涨幅为4%，但是领导决定先由葛瑞组织一次关于涨薪幅度的民意调查，争取通过这样的形式最大化地激发士气。经过调查，员工们一致希望把涨幅定到6%，但最后没能通过，依然执行4%的标准。这下员工们不满意了，一起质问葛瑞为什么涨幅和调查结果不一致。他双手一摊，说："有意见你们去找领导，我也希望多加点钱，可是，领导规定就是这么多，有什么办法？我还巴不得你们去吵到6%。"

另一次，公司的生产部主管和质检部主管为部门考核的事情，吵到行政部，他们俩各执一词，都坚持自己没有错，互相指责对方工作的失误导致影响了自己部门的利益。葛瑞望着脸红脖子粗的两个主管，心想，这种问题我可没办法解决，都是平级，我哪有能力去管理他们啊？不如把领导搬出来震震他们好了。葛瑞赶紧请来了领导，在领导的斡旋下，事情才顺利解决。

葛瑞暗自得意，没想到，一次领导介绍他给客户认识，说："葛瑞是个好人，不愿意得罪任何人，结果，总是要搬我出来做黑脸。把压力转到我身上，困难都甩给领导解决，葛瑞你做得很聪明啊……"

领导这种"表扬"，让葛瑞的脸上一阵发烫，坐立不安……

中层员工不会思考，不愿行动，无疑是企业领导者的最大噩梦。领导者作为企业战略决策者，无法具体细致到解决一切问题，也不应该承担这样的具体责任。因此，懒惰推脱的"打工者"意识会影响到总裁的全盘计划，给总裁增添烦恼，给公司带来损失。

领导者有必要让中层明白，如果中层事事都请教上司，凡事都让领导者亲力亲为，领导者无疑会认为中层在逃避本应肩负的责任，不愿为他处理麻烦棘手的问题。最终会导致领导者对中层信任的降低，最终影响中层自身的发展进步。

领导者应该帮助类似葛瑞的中层，打破自己的依赖意识，尽快摆脱自己的"打工"思维。

1. 统一目标

领导者应该教会中层注意目标性，就好比游泳一样，要一边游，一边看着前方，万万不能等到一头撞到池壁才知道到了终点。领导者如果忽视了细节问题，同时也会忽视部门的整体目标，即使不会丧失创造力，也会逐渐枯竭。

每个企业中层的身后都有一群人，大家共同组成了一个部门。部门的所有工作几乎都由中层直接分解、下派。不可能什么事都由领导者亲自完成。因此，领导者与下属就构成了一个统一的整体作业单元。你只不过是他们的领头羊，你往哪个方向走，他们就会跟着往那边走。换言之，你是“羊群效应”的决定性因素，你做得好与坏，直接影响着整个部门的业绩。所以，对待下属，要以成为人人受用的“教练”式人物为目标，多为下属解决工作难题，从而更有效地行使管理职责。

现代企业中，每个领导者都希望整个企业的员工都能够团结如一，把整个企业的目标当成自己的目标，把整个企业的工作当成自己的工作。因为只有这样，企业才能在激烈竞争的市场中生存得更好。因此，中层工作中应该首要具备的心态就是——把自己当成领导者，把企业当成自己的事业。

2. 统一思想

本着对企业管理中“责任原理”的理解，领导者应该让中层明确自己作为一名合格的管理者，在接到命令之后开始的第一步不是具体行动，而是理解自己的思想。通过仔细琢磨命令的字句，发挥本身熟练的业务经验和知识，摸透高层通过命令想传达的主旨思想，弄清楚高层通过命令的背景和原因。

在部署具体命令中，领导者应该让中层结合本地区本部门的实际情况，将命令分解为具体的可理解、易执行的任务，确保每一个基层员工都有可参考的目标、可触及的任务，从而形成合力。

另外，领导者还应让中层尽量减少注意力上的盲区，减少意外发生可能，从而减轻领导者的思想负担，保证领导者情绪的平稳和思绪的正常。

3. 统一行动

领导者应该让中层明白，他们对自己尊敬和了解，并不仅仅放在日常行动中的迎来送往、见面称呼上。马斯洛的心理需求层次理论告诉我们：人类在满足基本需求以后，更需要社交、尊重和自我实现的需求。能够帮助领导者实现被了解、被尊重需要的中层，才能支持领导者内心。中层学会“知上”，就可以不在错误的时间、地点，说出错误的话语，做出错误的行动，避免因为一件小事而导致被领导者否定全盘工作，出现那种“说你不行，你就不行，行也不行”的难堪。

◎ 基层执行力——西点军校五大执行要点

锻炼中层应从基层执行力抓起。

一位从事管理工作的朋友曾与我分享过这样一则故事。他手下有一个员工叫赵欣，平日里做事总是拖拖拉拉，并且从早到晚没有一分钟是在合理利用时间。

赵欣每天都被清晨的闹钟吵醒，每当躺在温暖的被窝里，想着自己还要上班、要工作，赵欣就万分郁闷，不断为自己找借口："昨天去公司太早了，今天我就再躺一小会儿吧。"于是，在惶恐与不安中，时间就一分一秒地过去，于是迟到便成了赵欣的家常便饭，被领导批也是自然的事情，被批心情又会变得很糟，结果她从早到晚执行的效率都很低。

相反，赵欣的好姐妹杨晓露，虽然每天加班到很晚，早上也不爱起，但却能不断地说服自己："躺一分钟又能怎样，还是起来吧，不然要迟到了。"差距就这样在无形中形成了，杨晓露从来没有迟到过，每天的心情也大好，执行起 任务来，自然效率比赵欣高很多。

这让我联想到，如果朋友手下每个人都是这种执行效率，恐怕朋友领导部门的业绩也高不到哪儿去。看来抓执行力还要从基层抓起。谁来抓？这个任务领导者同样要交给中层。

至于具体抓哪些环节，领导者可以让中层参考西点军校的五大执行要点。

1. 无条件执行

工作中只有让员工无条件地服从，无论遇到问题与否，都不要试图为你的工作找任何借口，而是要想怎样才能做得更好，怎样才能解决问题。

这是因为，在市场经济迅速洗牌的今天，一个企业要想生存，首先要遵循最基本的商业法则，即不找借口盯结果。否则一个不重视结果的企业就会失去最基本的存在价值。同理，你的企业是不找借口的，而你如果一味地找借口不注重结果，就没有工作和发展的机会。

2. 没有任何借口

在企业里，大部分的员工都有着很强的惰性。有的人是因为没有很大的事业报负心而懒惰；有的人是因为缺乏工作的责任感而懒惰。但不管你是哪一种人，懒惰都不足以成为你不为自己努力奋斗的借口。

处处留心皆学问，随时随地都可以借鉴。

成功的人永远在找方法，失败的人则永远在找借口。很多看起来成功的人，其光鲜亮丽的背后是他依然在孜孜不倦地学习和适应。如果停止了学习的脚步，那么，在激烈竞争的市场面前，无论是个人还是集体，都会难以生存。

所以，对于中层管理者来说，应该让每一位员工认识到，无论是和本职工作有关的同事、上司、客户，还是和本职工作无关的其他部门，甚至根本是不同的行业，只要能够启发你积极思考、改变态度、增加解决方法的事例，都有必要好好观察和留心，以便随时随地加以借鉴和学习。

3. 不断提升自己

或许的确没有人逼着员工一定要做出成绩来，但不妨反过来想想，如果自己的部门不能为提升企业的实力而出一份力，又凭什么要求企业为你提供更好的发展平台呢?

每个人的能力和智力都是一个在不断地实践打磨中逐步提升的过程。前提是，管理者要主动想办法去解决，而不是坐以待毙或干脆不做任何反应，等待领导者指示。

不用怀疑，企业中最终能够脱颖而出的中层管理者都是那些主动找方法的人。

4. 全力以赴

问题来临前就已投降——这是很多员工的懈怠心理，并且已渐渐在工作中形成了惯性思维，大大阻碍了执行的效率。我们总是为难题所困，其实并不见得问题有多难，而是没有尽力去解决。所以，问题面前先别叫苦叫难，而是先扪心自问是否已全力以赴。其实，没有什么是所谓不能完成的任务，关键就在于员工的心态是想要立即行动还是无限期拖延，反正怎么都要做，与其拖延懈怠，不如克服惰性，拼尽全力去执行。当员工获得成绩时，就会发现，原来超越平庸、创造奇迹是如此简单。

5. 敬业为魂

企业领导者应该教导中层，身为中层管理者不仅要具备个人专业素质和技能，还要拥有高明的管理才能、强烈的敬业精神和事业心，积累大量的工作经验和丰富的知识理论。总之，中层管理者应在职业道德和专业素养上都具备较高水准。敬业是开创事业局面的基础，是通往成功目标的阶梯。中层管理者面对工作，应把敬业当成习惯，把敬业当成态度解决问题，把敬业当成义务坚守岗位，把敬业当成智慧来看待生活。没有敬业，中层管理者就会无所作为、平庸无奇。爱岗敬业，既是最基本的职业素养，更是中层日常工作中获得快乐和动力的源泉。

中层管理者应该学会身先士卒，在出现问题的时候带头解决，在出现风险的时候带头承担，千万不要躲在下属的背后。中层管理者还应该做到，时刻感到企业领导者就在背后，时刻意识自己在下属的面前，自觉忠实地履行自己的岗位责任，执行相关岗位规范，抛开个人利益荣辱，专心致志，心无旁骛。

◎ 西点军校的七大管理法则

管理法则让管理有法可依。

很多中层管理者都会问：管理法则哪有说的那么重要？用自己的方法把工作做好了不就行了。其实不然，管理法则不明确，不仅会导致责任空虚，还会导致员工与部门之间互相推诿责任，试想如果工作做不好时，各自都把自己置身事外，这样做的后果是什么？那个企业还靠什么生存呢？

所以，在中层管理者执行任务之前，领导者应该让其知道自己该做什么，应该怎么做。明确了这些内容后，中层就会认为执行所分得的任务是责无旁贷的。长久下去，养成习惯后就会有助于员工与上级间建立诚信的桥梁，最终确保每一项任务都能圆满完成。

对此，领导者可以让中层管理者参考西点军校的七大管理法则。

1. 锁定责任，让责任始终在下属肩上

现代企业里的员工，都在寻找各种有效的途径来提高自己的绩效。但员工们也会发现，无论是和优秀的领导者学习，还是向其他公司借鉴科学的绩效模式，甚至是聆听管理大师们的讲座，一用到自己身上就完全不奏效了，自己的绩效始终没有明显的提高。

这究竟是为何呢？

其实，不管管理模式好坏与否，归根结底都需要落实到个人去执行。如果不能从根本上落实责任，一切努力都是无意义的。美好的愿望也只能是愿望，不会转化成结果。

所以，一个员工要想保证绩效，必须要责任为先。

2. 合理授权，只做领导者该做的事情

很多情况下，中层管理者之所以缺乏自主精神，是因为他们根本不清楚自己在团队中能够有哪些事情可以“自主”——换言之，领导者没有对中层进行明确授权。这导致中层管理者往往进退失当，没有充分勇气走进自主的工作状态中。

其实，领导者和中层管理者可以进行充分的磋商，各自写出书面上的计划，罗列出双方认为需要请示的工作内容和无须请示的工作内容，经过相互比对和讨论，明确中层管理者的自主权力和承担的责任。这样，中层管理者的自主空间得到了有效建构，他们将获得由自己的意愿、习惯和态度所能支配的工作范畴，当中层管理者得到这样的肯定时，无疑也是对他们工作能力和态度的认可，是对他们执行潜力的激发。

3. 不止责任，更要沟通责任背后的意义

作为企业领导者，榜样力量的体现不是每天都要在员工面前摆出姿态和架势，中层管理者空泛的指导与说教根本不能让员工真正学到有价值的工作经验和职业理论，能够使员工在中层管理者的引导下获得成长，才是工作真正的切入点。所以，领导者需要真正参与并融入到中层管理者的日常工作中，从实际的工作及其每个细节之中给予员工真心的帮助与有利的指导。

领导者要做企业中层管理者的榜样，就要在工作中的每一个环节和细

节为他们把握大的方向，在放手让他们去体验和历练的同时为中层把好关、掌好舵。

4. 重视什么，就检查什么

所谓的检查，即是对中层管理者的日常工作进行必要的督促与指导，指导是帮助员工更好地开展各项工作，解决他们无法解决的难题与障碍，使其顺利地过渡到下一个工作阶段或工作内容；督促是对中层管理者内心施加的一种外力，即在中层管理者完全有能力解决某项工作或完成某项任务的时候，为了使中层进一步提高工作效率，达到工作的要求与公司的任务，提高自己的约束力与执行力，企业领导人需要经常性地对员工进行工作的督促。无论是督促还是指导都是日常工作中的检查，企业领导者要更好地发挥对中层说教的功用，就要在日常工作中保持对中层的检查。

5. 有效激励

对人才的有效激励不仅能够提升员工士气，更重要的是中层管理者在受到激励之后，能够最大限度地将其转为为工作的动力，从而更好地完成各项工作；企业领导者对中层的激励应当是随时随刻的，不应吝啬自己对中层管理者的激励，同时还要注意激励的方式并考虑激励的效果，例如，激励本身就分为正面激励和反面激励，不论哪种激励只要利用得当，都会起到事半功倍的效果。

6. 培养下属

团队训练的目标，是让整个团队能够在比较稳定的环境中，通过自身实践，获得完整全面的知识，从而提升工作中的执行力，以及整个团队的工作能力。

学习过程中的支持离不开思考和讨论，这样的过程对于中层管理者的学习是相当重要的。将学习获取的知识、得出的结论和具体应用方法放在一起思考，能够促进中层管理者积极地将学习经验的过程同发展自我的过程结合起来。同时，学习还需要及时地提出问题和进行讨论。

因此，领导者可以在帮助中层管理者学习时，经常询问他们工作的进展情况，当问题出现时，及时组织他们进行讨论，并鼓励员工多发现学习中的困难，并尝试由团队加以解决。通过这些方法，领导者将营造出更大的空间，提供给员工们准确思考和讨论的机会。

7. 加强淘汰机制

华为公司总裁任正非在企业的管理工作中始终推行拼搏求存、强性进化的“狼性文化”，狼是食肉动物，为了生存必须要努力战胜并吃掉对手，所以狼总是具有敏锐的嗅觉、勇往直前的勇气与不屈不挠的精神，它们机智凶猛，具有良好的团队合作能力和顽强的战斗力，所以狼文化就体现了进化论的核心观点：强者生存、弱者淘汰、不战则亡，卓越靠磨砺，优秀靠淘汰。

竞争会使人进步，安逸则会让人退化，最终由于安于现状、不思进取而被残忍地淘汰，退出竞争的舞台。所以领导者要想让中层管理者保持积极向上的生命力与充沛的活力，一定要引入必要的竞争机制，营造一定的危机感，迫使中层管理者不断进化与提升，从而去其糟粕、取其精华，永远保持旺盛的生活活力与工作创新的动力。

第四章

执行方向

——提升客户价值，打造执行口碑

一、什么是客户价值?

◎ 什么是客户价值？

客户价值就是企业创造价值、传递价值并获取价值的过程，也就是企业为顾客提供价值，顾客在接受企业所提供价值的同时获得了比较满意的结果，于是愿意为价值买单，并主动将这种价值传递给身边更多的人，使企业最终获得了价值和利润的过程。

企业不是慈善机构，企业领导者更不是真正意义上的慈善家，企业需要提升客户价值，以推动企业甚至社会乃至整个世界经济的前行与进步。企业的整体发展模式在目前的市场经济当中一般被我们称之为商业模式，商业模式简单地说就是一种能够让企业快速赚钱或迅速盈利的方法，一个好的商业模式总是能够创造出比竞争对手更快的扩张速度与更高的运营效率，也就是说一个好的商业模式的创立可以认定在很大程度上就确保了企业的生存发展及利润价值，从而使企业迅速崛起并获得成功。企业若想获得长期性的盈利与大踏步的发展，就要在客户价值上多做探究，多下功夫，创造出真正适合企业发展与盈利、真正适合行业需要以及适应市场需求的高效运营模式。

那么，客户价值的建立是怎样的一个流程或是原理呢？从某种定义上来说，客户价值就是企业创造价值、传递价值并获取价值的过程，也就是企业为顾客提供价值，顾客在接受企业所提供价值的同时获得了比较满意的结果，于是愿意为价值买单，并主动将这种价值传递给身边更多的人，使企业最终获得了价值和利润的过程。

唯一公司是一家美容美发的连锁店面公司，林宝川是这家公司的法人兼企业总裁，自从创办经营企业以来，他用自己卓越的市场眼光、洞察力以及对美容美发行业发展的良好把握和运作能力，将企业的发展运营模式定位成了连锁直营店面的形式，无论是在繁华的市区、旅游景点还是热闹的居民区，林宝川的店铺开在了每一个他认为值得开的地方，并让越来越多的客户感受到了店面的良好服务和运作模式，无形中提升了客户价值。林宝川提升客户价值方式主要包含以下几个方面。首先，他坚决做直营店，不搞加盟和分销客户，因为加盟商与分销客户容易做低店面的品质及服务的档次，损失利润是小，砸了品牌是大。所以即使直营店面在管理和运营方面需要投入更多的时间和精力，有更高的标准和要求，林宝川也认为非常值得，因为顾客的需要就是自己工作与前行的目标和动力，为顾客提供更好的服务和舒适的感觉与环境是一个生意人的良心，也是做大做强企业所真正需要的。其次，每开一家新店的时候，林宝川都会开展一些实实在在的促销与宣传活动，让顾客得到实实在在的利益与实惠，让顾客通过亲身尝试真正感受到店面的良好服务，赢得顾客的认可与支持。最后，通过一些顾客的亲身体验和尝试，使顾客获得了满意也为店面提升了价值，顾客在享受并愿意接受这些价值以后也更愿意加以传播，从而使更多的顾客了解到这家店面并愿意来享受这里的服务，通过这一营销手段，积累了良好的口碑与实实在在的利润。

林宝川的企业发展模式就是将顾客的价值摆在了第一位，他所做的一切工作都是围绕着这一价值所展开的，因此他不仅收获了顾客的信赖，更获得了企业良好的收益，助推了企业进一步做强做大。

企业领导者想要提高客户价值，可以尝试这样去做：

1. 挖掘好的发展模式，为顾客不断创造价值

一个好的发展模式，就是要持续努力地为顾客创造价值。企业的利润最终要从哪里获得？答案就是顾客。只有顾客认可你的服务，接受了你的产品，你的企业才会真正实现自身的发展目的与价值。所以，企业要想建立起一套适合自身发展的良好模式，就要在模式的建立过程中时刻考虑到顾客价值的实现与创造问题。

2. 扩大正面影响力，使顾客愿意传递价值

当一位顾客愿意并主动为你的企业商品进行良好口碑的传递与宣传的时候，说明你的企业发展模式基本做到了以顾客需要为真正的出发点和切入点。所以，对于企业领导者来说，想要使顾客愿意传递价值，就要扩大企业产品的正面积极影响，从而扩大企业的知名度。

◎ 顾客让渡价值

做实际价值就要首先立足于市场，市场是带动企业发展、提供竞争机会，并能够将企业的成本投入价值最终转化为利润的转换场所与交易场所。

所谓让渡价值是指企业通过转移，让顾客感受到的实际价值。

实际价值的确立对企业的发展至关重要，也是企业亟待需要建立和实施的，这就需要企业领导者尽快掌握模式设计的关键环节，即掌握其中最为重要的实际价值设计环节，从而打造企业成功的运作模式。做实际价值就要首先立足于市场，市场是带动企业发展、提供竞争机会，并能够将企业的成本投入价值最终转化为利润的转换场所与交易场所。

在价值传递中，市场中除了各项竞争资源之外，最重要的消费群体就是客户，如何更好地满足客户需要，如何使客户愿意支持并认可自己的产品，如何将客户的信赖转化为企业最终的利润，是每一位企业领导者需要长期思考并实践的问题。作为企业，一定要根据自身的实际特点对客户进行细节的分类，积极寻找真正适合自己企业的那部分客户，这一点相当重要，因为只有明确目标客户，才能有的放矢地进行产品的投入、宣传、市场运作以及市场销售，才能更准确、更有针对性和目的性地满足这部分客户地需求。例如，目前如雨后春笋般迅速崛起的各大快捷酒店——如家、锦江之星、汉庭以及 7 天等，正是在目前的市场竞争中找到了属于自己的那一部分目标客户。并不是所有出差或旅游的人都住得起五星级酒店，能够享受得起那份奢华与尊贵的，很多人要的只是一份舒服、干净、方便和快捷，所以这些快捷酒店的出现正好填补了这一市场空缺，它们专门为中低档和普通消费者提供住宿服务，让顾客体验到了实实在在的价值，从而打开了商机。

梁麟是一家大型房地产公司的总裁，在多年的房地产开发与销售拓展工作中，他紧跟市场变化，狠抓顾客需要，开发了许多有价值的楼盘并都取得了很好的销售业绩。

以前，梁麟公司开发的楼盘普遍都是高端产品，即高级校区房、商住房、高档写字楼以及高档别墅区等，锁定的目标客户也都是各类企业高级管理人员、高收入白领以及私企总裁，还有一些是政府领导。楼盘的销售情况始终保持良好势头，且受到了消费者的普遍认可和好评。近几年，随着房地产市场的动荡与不稳定，加上政府的保护政策、楼盘价格的浮动变化，梁麟的公司对高端楼盘的开发运作开始出现了变化。因为开发范围内的重要地块已经基本使用完毕，最近几年都不见得会有值得投入的高端地块和楼盘，如果持续下去，公司的发展将会受到严重影响，企业的经济效益也将受到停滞；但此次，一些相对偏远和非核心特点的地块却十分活跃，加之目前“80后”普遍即将走入婚姻的殿堂，年轻的上班族也亟待购买属于自己的房产，因此中低端小户型的楼盘市场普遍获得了较好的收益。

于是，梁麟带领公司马上调转方向，将企业近段时期的目标客户定位在小户型需求者上，于是楼盘的销售情况异常火爆。首先，因为是小户型，各种人性化设计更加符合刚刚走入社会不久的非成功人士的需要；其次，大企业的口碑已经深入人心，大企业开发的小楼盘当然更让人信服和放心。于是，在让顾客体会到产品实际价值的同时，获得了顾客良好的口碑，企业也赚了个盆满钵满。

企业要想在市场竞争中获得主动权，出售让渡价值，就务必开发和找寻到属于自己企业的目标客户，只有将客户定位准确并牢牢抓紧，才能更有针对性地将产品价值投入到市场中去，才能赢得目标客户的支持，最终实现企业效益的最大化。

1. 在出售让渡价值前先细分客户

细分客户就是要找到真正适合企业的目标客户，分析客户的实际需求。到底企业的目标客户发自内心地想要什么，他们真正的价值需求点在哪里，这是企业必须要知道的。正如锦江之星等快捷酒店明确了解自己的目标客户就需要一个价格适宜、干净卫生且环境宜人的旅行居住环境，因此他们将酒店中不必要的烦琐的服务环节及房间的摆件装饰等都省掉了，在为顾客打造舒适环境的同时大大降低了顾客居住的成本，满足了顾客的核心需求。又如国酒茅台，它所适宜的客户就可细分为两类，一类是茅台酒的购买者，另外一类是茅台酒的使用者，这两类人具有明显的不同。购买者经常是用于送礼，因此看重茅台所代表的社会价值，通过茅台高端的品牌地位与价值彰显购买者的诚意和美意；使用者经常是受礼者，往往是位高权重且有一定身份的人士，他们对茅台酒的使用更大一部分是对自己地位和身份的彰显。因此，无论是购买者还是使用者，看重的都是茅台酒所代表的品牌价值，因此茅台酒看准客户需求，控制容量，以打造茅台的稀缺性和高价值，不断塑造自己的奢侈品形象，从而满足目标客户的实际需求。

2. 真正满足目标客户的价值需要

做市场的目的就是要真正满足客户的价值需要，从而实现企业的利益增长与利润的最终实现。关于确定目标客户的问题在上一节已经讨论过了，既然目标客户已经明确，作为企业领导者下一步就要仔细思考如何让自己的产品真正满足这些目标客户的实际价值需要。首先，产品的质量和信誉绝对是第一位的，这是企业的生命，失去信誉或质量的产品终究会被市场所淘汰，还会被顾客所唾弃，欺骗消费者就是在自掘坟墓；其次，要提升服务，服务是突破销售的窗口，好的服务不仅会赢得顾客的好感，更重要的是可以直接促进消费，尤其是在产品同质化严重的今天，好的服务对竞争的输赢几乎起着决定性作用；最后，要注重产品的售后（服务），没有售后（服务）的产品是不值得信赖的，在整个服务过程的收尾环节，做好售后（服务）会起到画龙点睛的良好作用。

二、为什么要做客户价值？

◎ 我们的工资是谁发的？

客户是企业盈利的保证，而只有盈利，企业才能拿得出钱来给员工发工资。

企业员工的工资是谁发的？

领导者？公司？

答案是客户。

客户是企业盈利的保证，只有盈利，企业才能拿得出钱来给员工发工资。

所以，领导者应该明白，要想使企业获得长远的成功，不仅需要政府的支持、资金的强大、市场的机会以及高新技术，更需要关注长远性的客户价值以及团队整体执行的方向和力度。企业领导者要将战略的起点与归宿定位于独特的客户价值，建立持续竞争优势与核心竞争力，坚持从最差的结果出发，努力建立低标准的、团队可以适应的长效盈利模式，带领团队实现各个阶段的战略目标，并高瞻远瞩明确方向地坚持做到极致。

作为全球知名的百货零售行业的巨头，由美国零售业的传奇人物山姆·沃尔顿创立的沃尔玛公司在其长达近半个世纪的企业运营管理工作中，对于企业发展战略的整体思考、制定与一步步脚踏实地的实施和推进，总是能够在客户与顾客之间保持一种稳定持续的平衡，并在战略实施的过程中充分注重双方需求与利益的实现，这种坚持和不动摇也得到了业界人士的广泛好评与称赞。

1. 深入而全面地对外部市场的大环境进行考察与调研

包括对企业品牌的自身特点、品牌卖点以及对同行业品牌、目标客户群等都要进行深入的了解与分析；对品牌现状进行深入的分析与系统的梳理，找出企业品牌发展的内部核心问题；同时对之前多年的品牌策划战略进行总结，从中提炼值得吸收的精华与经验，完善产品的策划推广与战略规划，确定品牌定位、明晰品牌结构、树立品牌形象并完善品牌诉求。

2. 让创新超出客户的想象

创新是促使企业不断发展与进步的强大动力，世界因为创新的存在而变得更加丰富多彩并充满期待，企业因为创新的引领而变得更加适应市场的需要，所以创新已不再是企业发展中的特殊而是成为了一种普遍。但是如果想将创新做得更加符合未来企业发展的需要，便要从客户的角度出发，努力让创新超出客户的想象，只有超出顾客的想象，才能够引起客户的关注与重视，才有助于企业未来的全面提升。

3. 创造企业盈利模式，要紧跟客户、渠道、人脉及业务点

模式所涵盖的内容和板块是十分全面和丰富的，因为模式是企业发展的整体框架，框架的稳定和牢固程度直接关系到企业的安全和壮大。作为一套适合企业发展的持续营利性的模式，应当将着力点放置在市场、客户、渠道建设、人脉关系以及关键业务等几大方面，只有将这几个关键点做好，才能直接助推企业的进步和盈利。

◎ 日本雪印的覆灭

日本雪印的覆灭，说到底是因为忽略了客户价值。

在2002年3月8日的《粤港信息日报》中有这样一则新闻："如果说"二战"以后有什么事件最深刻地刺痛日本人的神经的话，那一定是雪印公司的丑闻。曾几何时，雪印公司曾是日本人心中的白雪公主，几乎每一个日本人说起雪印的名字时都面带自豪，雪印公司的工厂甚至被印在介绍风景名胜的旅游杂志上。正因如此，当雪印食品公司将进口牛肉充当国产牛肉交由国家收购，以骗取津贴的丑闻被媒体曝光后，事件立即轰动了整个日本。日本舆论乃至政府都以少见的严厉措辞谴责该公司丧失职业道德，辜负了消费者的信任。事件的主角立即成为人们唾弃的对象。在丑闻被揭

发后的第二天，日本各大商场纷纷停止销售雪印公司的产品。1个月内，该公司的股价暴跌44%。雪印公司估计，截至今年3月底的财政年度内，该公司亏损7600万美元，是去年11月预测亏损额的4倍。尽管雪印食品的母公司雪印乳业制品公司出售部分资产向其输血，但日本各界根本不领情。投资者继续沽售雪印食品的股票，信贷评级机构调降其信贷评级唯恐不及时。最后，雪印乳业只好将不孝子清盘，并把雪印食品从东京股市除牌的时间定为5月23日。"

日本雪印这个品牌就这样覆灭了。

那么，当企业失去客户信任时，我们该如何挽回客户价值呢？

1. 挽回客户价值，诚信敬业为先

诚即为忠诚，信即为信用，诚实与信用不仅是社会发展的要求，更是企业立足的生命，企业的发展壮大离不开诚信，我们每个人对待工作的态度也应当从最基本的诚信出发；工作中的诚信就是要立足岗位，用积极诚实的态度对待工作，如此方可做到爱岗敬业，对人以诚相待才能交到真正的朋友；敬业即为尊重热爱自己的本职工作，想尽各种办法千方百计地要将工作做好，这不仅是中华民族的传统美德，更是挽回客户价值的有力保证。

李嘉诚的公司大获成功后，他并不满足于仅仅做一个公司的小总裁，后来他又涉足房地产，建起了大厦。1972年，香港股市兴旺，李嘉诚再次及时出击，骑牛上市，成为"华资地产五虎将"之一。从此，李嘉诚开始在香港地产股市尽显身手。1981年，李嘉诚被选为和记黄埔有限公司董事局主席，成为香港第一位入主英资洋行的华人大班。从那以后，李嘉诚的事业如日中天。

一路走来，李嘉诚以小博大、以弱胜强、以诚服人，用诚信打造了一片专属于自己的江山！

但李嘉诚的诚信不仅仅是他的成功关键词，更是企业员工应该复制的成功！

2. 寻找榜样力量，为客户创造价值

工作中需要榜样，有了榜样员工才有了更好的参照对象，才会不断检醒自身的问题，才会充分意识到改正与提升自我的重要性与紧迫性，才会以不断塑造完美的自我为首要目标，只有员工的能力增强了，效率提高了，企业的整体发展水平才会出现大的飞跃，才会源源不断地为客户创造价值。

三、客户价值怎么做

◎ 差异化战略提升客户价值

企业领导者需要全方位、多角度的提升，才能适应现今的市场竞争局面，并在重重包围的竞争圈中努力突破，方能历练自我，强大企业。

听朋友分享过这样一个故事。他的老朋友蒙蒂先生是美国一家著名咖啡糕点连锁企业的品牌执行，他在企业的发展运作方面大胆实行了别人未敢尝试过的差异化发展战略，并在不断的尝试与运用中，使企业获得了飞速的扩张与丰厚的利润。

在这之前，该公司只有不到二十家咖啡连锁店面，且分布的城市和位置也不占优势，蒙蒂就任之后，大举开拓了更多的销售市场与连锁店面的数量，并将咖啡的价格提高到了一个崭新的价位——一个足以让人瞠目结舌和大跌眼镜的高价位，但是喝咖啡的人却有增无减，人们反而非常乐于来品尝这里的摩卡咖啡以及新鲜的咖啡糕点和其他小食。就这样，蒙蒂的战略实施已经顺利地迈出了第一步。然后蒙蒂的企业开始迅速地扩张，包括向非洲和亚洲等地进军，计划开设更多的店面，让更多的人感受到这别具一格的无沫咖啡以及美味食品。蒙蒂始终认为自己雇佣的人应当比领导者自己更聪明，他们在战略实施的过程中始终有着更多的想法和见解，所以蒙蒂的公司总是能够给予他们更大的发展舞台，同时给予他们全面系统的培训。为了管控质量，他们都是采用直营店面的经营方式，而拒绝了加盟商与超市配送的销售方式与经营模式。

蒙蒂公司所实施的差异化战略让我们看到了它与其他公司在产品、服务以及运作模式等各方面的不同，这些独特的经营运作模式，就是战略的差异化，构建了企业的核心竞争力以及独特的经营魅力，从而助推了企业发展。

1. 做战略前需要全方位、多角度提升自我

企业领导者需要全方位、多角度的提升，才能适应现今的市场竞争局面，并在重重包围的竞争圈中努力突破，领导者历练自我，强大企业。若想提升客户价值，就要帮助企业员工提升工作的能力，掌握工作的方法；做好企业文化，用文化打造企业实力，让经营变得轻松艺术；学做机制和制度，让企业的各项管理有法可循，有章可依；建立正确的企业盈利模式，将不是最好的调整到最好，甚至更好；学做复制，将一项业务做到极致，坚持持续和做精做透的成功才是真正的成功；学做进化，运用优胜劣汰的方法打造强执行团队；学做战略，运用天时地利人和撬动市场，获得全面胜利；最后就是要做好未来，因为企业只有先做未来，才能最终拥有未来。

战略的制订与实施是影响企业做强做大的重要环节和有力保证，是制订、实施与评价企业能够达到某项发展目标的功能决策的艺术与科学。战略实施的意义与目的就是要保持自我的竞争优势，所以为了成功做到这一点，战略的制订需要对企业的整体发展目标、发展规划、人员架构以及资本运用等各个方面进行全方

位的统筹规划，从而实现企业的全面成功，获取更大效益与突出业绩。

企业领导者作为企业的直接执行者和决策者，应当掌管好企业的发展之舵，当好企业的领头人，事事要站在高处、眼光放远且以大局为重，把握好企业整体的发展思路，制订适合企业发展的整体战略，从而为企业获得全面的核心竞争力以及阶段性的成功，做好必要的与充分的战略技巧准备。

2. 跟随市场及行业的变化，及时调整战略，运筹帷幄

战略调整是企业发展过程中以及具体实施过程中可能遇到的一个问题。通常来讲，由于战略的制订是企业高管的核心思想的体现，是针对企业各方面发展现实与发展趋势的长期规划，对于企业发展的一定时期中都会持续产生作用，所以不应当随意改变。但是，事物发展的规律也总是处于不断的变化之中，一成不变的事物是根本不存在的，所以当企业面对一定特殊情况或者外界的行业发展趋势以及市场出现变化的时候，企业的发展战略就要跟着进行变化和调整，以利于企业的正常发展。

◎ 海底捞成功在哪里？

海底捞的核心竞争力不是火锅，而是服务品质。

有人说，海底捞的成功源于近乎“病态”的服务品质让消费者满意到无话

可说。例如，排队的时候，可以免费擦鞋、美甲、打牌；点菜的时候，消费者可以只要半份，吃不掉的蔬菜可以退掉；就餐时，只要消费者想要吃什么，不管海底捞有没有，服务员都会尽力为消费者提供。不仅如此，海底捞作为一家火锅店，其汤料的味道都可谓纯正、独特，让消费者可以很快将其与其他火锅店区分开来。如此高质量的服务，其人均就餐价格仍只处于市场中档水平。这样的企业能够成功自然无话可说。

海底捞的核心竞争力不是火锅，而是服务品质，它的竞争力根植于每一个基层员工身上，海底捞的火锅很普通，但海底捞的服务和员工却不一般。

去过海底捞的顾客一定会有以下几个最突出的感受：

首先是人多，去的顾客多，你在高峰时间去吃，排队一两个小时非常普遍。其次就是服务，海底捞的态度简直可以被称之为“变态”，排队时候不仅有零食吃，还有人帮你擦鞋，女士可以免费做美甲，吃饭的时候随时有热毛巾擦手，女士来吃火锅，服务员给你递头发绳，无论什么时候，服务员都保持着最热情的微笑。

你需要在每一个环节都做好。哪怕是卖火锅这么简单的事，也包含着复杂的环节和流程：食材的购买，需要采购人员的不懈怠；保证质量的同时控制成本；食材的处理，需要后厨人员的不懈怠，提高工作效率，把菜做得又快又好；大厅的点菜、服务环节，需要服务人员的不懈怠；以至于清洁、打扫、结账、打包，环节很多。标准化的流程只能让顾客挑不出餐厅的问题，但是要超出客户的期望，就需要每一个环节都做好，每一个员工都发挥出自己的力量。

这就是品质管理。品质管理最后还是要落实到员工身上，每位员工都管理好自己的服务、产品品质，公司的整体产品和服务品质就会提高一大截。可见，只有做好品质，才能提升客户价值。对此，海底捞是这样做的：

1. 迎宾的细节服务

当顾客进入海底捞的店中时，接待员不仅只是微笑着欢迎，她们还会提醒你“当心脚下的台阶”。

2. 就餐前的细节服务

为了保护顾客的各种财物、方便顾客就餐，服务员会根据就餐的顾客为他们提供相应的“特殊道具”，例如，擦眼镜布、绑头发的皮筋、装手机的小塑料袋等物品。

3. 餐桌上的细节服务

每一桌就餐客人的旁边，都会至少站有一位微笑着的服务生，他们会帮助顾客下菜、捞菜，并为顾客拿毛巾、加饮料。更难得的是，考虑到顾客的“逆反心理”，他们从不会为顾客推荐饮品。

4. 洗手间的细节服务

在海底捞的洗手间里，有两位专门的服务人员，他们的工作就是“伺候客人洗手”。当客人洗手时，他们会为客人准备好洗手液、毛巾等物品。

此外，这里的员工们一直会保持着开朗的笑容，并在需要时与顾客聊天、谈论事情。他们幸福并快乐着，还把那份幸福与快乐传递给每一位前来就餐的顾客。

正是凭借这种高品质的服务态度，海底捞从整体提升了客户价值，让每一位光顾的客户流连忘返，因此才会有那么高的“回头率”，才会有那么多忠诚的顾客。

◎ 四步让顾客“十分满意”

为了能够长期提升客户价值，仅仅让客户满意还不够，必须要让他们“十分满意”。

为了能够长期提升客户价值，仅仅让客户满意还不够，必须要让他们“十分满意”，让他们下次再购买同类产品时，首先想到的就是此产品。因此，从企业与顾客的角度共同出发，一位成功的领导者在提升客户价值的过程中，应该这样做：

1. 想一想：产品是否能够满足顾客的需求

提升客户价值的本身是以发现需求并满足需求为基础的，因此，生产、销售的产品一定是要以满足顾客的需求为前提的。如果对顾客销售其并不需要的商品，岂不是成了强盗的强买强卖和奸商的欺骗买卖？你要做的是让顾客满意，让他们购买，而不是欺骗。因此，在做销售时，要将着眼点放在如何发现顾客的需求。当你真正了解到了顾客的需求，再以产品和服务去满足这种需求，就能够达到很好的营销目的。但是在现实中，很多顾客的需求是隐性的，可能连顾客自己都不太清楚，例如，人们在身体虚弱时，需要补充蛋白质、维生素等营养品，但是人们自己却往往并不知道这些。一个成功的企业和销售人员，应该去想、去考虑顾客的各种显性和隐性的需求，并将这些需求作为产品的生产、销售中心环节，这样才能做好销售，为企业和个人带来利益。

2. 看一看：你的产品有没有达到双赢的目的

作为企业，销出产品，一方面是为了从中获得利益；另一方面，也在注重顾客是否能够从中得到实惠或解决他们遇到的问题。这样双方皆大欢喜，既感动了客户，也得到他们的支持。

因此，在销售工作中，你必须同时为自身和顾客的利益着想。如果为了自身的利益，做些“一锤子买卖”而损害了顾客的利益，反而会偷鸡不成蚀把米，自断财路。那样的行为只会影响企业和个人的形象，并不能带来长久的利益。因此，销售人员在工作过程中，需要仔细考虑正在做的事情是否达到了双赢的目的。

3. 查一查：售后服务是否及时跟进

销售是一种长期的行为，若想留住更多的回头客，提升客户价值，就必须达到他们十分满意的程度，让他们感动，获得他们的认同。售后服务很能说明这一问题，也更容易让顾客感动。若是做好售后服务，便更容易获得顾客的信任。但是有很多销售人员在与客户做完一笔业务后就从人间蒸发了，顾客遇到问题也找不到人解决，当初给顾客的承诺完全是一纸空文，毫无作用。事实上，营销的利润，更多是来自以后的交易中，来自那些老客户。得罪了那些老客户，不仅会失掉他们，还会失掉他们身边那些潜在的客户，可谓是损失惨重。这就是为什么有些销售员做了几年销售工作却没有固定客户资源的原因。

4. 问一问：是否与顾客进行了有效的沟通

很多时候，客户价值不高的原因并非产品质量差或顾客没有相应的需求，而是由于销售过程中，企业方与顾客之间没有进行有效的沟通。有些销售人员在面对顾客时摆着一张冰冷的脸，让顾客望而生畏；而有些销售员则喜欢喋喋不休，只顾着自己说，忽略了倾听顾客的心声，忘记沟通是双方互动的行为，而不是一个人的“独角戏”。这些方式都会导致销售失败。要明白，你是在卖东西，要让顾客掏腰包买你的产品，面对越来越理性的消费者，只有打动了他，这个目的才能实现。因此，沟通至关重要。

企业和销售人员在维护客户价值的过程中，要明白自己在做什么，这对成功留住顾客是最重要的。仔细考虑以上几点，你一定能够提升客户价值，让他们心甘情愿地购买你的产品。

除了明白自己的定位和销售中要做的事情，更重要的是应该利用企业的本身优势，将产品的质量和服务提升上去，这样才更容易赢得顾客的心。就像一个去公司应聘的人，公司看中的正是他本人拥有的某项特殊才能，例如擅长交际或是创造力强等。企业发挥了自己独有的优势，才会获得顾客的青睐；再将其他服务提升上去，就能永久提升客户价值了。

◎ 什么是企业的核心竞争能力？

如果一个人能够将自己的核心竞争力发挥出来，就往往能够在这一领域作出巨大的贡献，这项优势就是你的专业。

如果一个人能够将自己的核心竞争力发挥出来，就往往能够在这一领域作出巨大的贡献，这项优势就是你的专业，学精了自己的专业，走到哪里都是人才。作为企业领导者，也要明白这一道理，在规划企业未来之前，应该首先找出自己的优势在哪里，并利用自己的这项长处或优势来形成自己独有的核心竞争力。

1. 不要急于定位

在刚开始寻找自己优势的时候，不用急着给自己定位，将自己限定为某一个固定的角色或工种。

每一个企业人员都要弄明白，自己身上到底有什么东西能够引起上司、同事或朋友的注意，能够让他们因为这些东西对你有深刻的印象。这些东西也许是你独特的口才，也许是你为顾客真诚服务的决心，也许是你的专业知识，每个人的特质都不尽相同。你找到的这些东西，就是你的优势、你的财富。有的人很自卑，觉得自己身上一无是处，根本没有优点。这时，就要想想海尔集团在培训内部导购员挖掘产品卖点时提到的话“只要用心挖掘，你永远都能找到属于自己的第一”。如果还没找到，那只能说明你还没有用心、还不够仔细。仔细寻找，总有属于你自己的优势。

2. 利用你的优点

在找到这些优势之后，就要对其进行“磨炼”，这是另一个关键的步骤。

有优点而不善加利用，那就是浪费老天赐予你的财富，更不要步“江郎才尽”的后尘，要不断学习，不断对你的优势进行磨炼，要将它们磨炼得越纯熟越好,因为这是你以后发展的根本。对于“磨炼”的过程,因为个人的特质不同、脾气性格也不同，因此要因人而异。在营销行业中，那些成功的领导者都有他们独特的磨炼方法，走的路径也各不相同。但是有一点却是相同的，那就是持之以恒。每个成功的领导者在磨炼自己的优势时，必然是付出了千百倍的努力，才最终成就了“专业”的称号。

3. 让自己无限接近“专业水准”

并不是说一个人在某个职位上干的时间久了就能称为“专业”，这充其量只能称其为“敬业”，如果在岗位上不能发挥出属于自己的核心竞争力，干了一辈子还是默默无名、不为人知，那他怎会能达到专业的程度？就像开了一辈子小酒馆的老板，无法与一家五星级酒店的普通服务人员相比一样，他没有这方面的专业知识，干得再久，也不能成为“专业人士”。之所以称之为“专业”，关键就在于八个字“人无我有，人有我优”，这样才能显示出独特的优势。

第五章

执行人才

——明确三大标准，打造执行人才

一、什么样的人是执行型人才

◎ 执行型人才的共同特质

作为领导者，应该练就识别这些执行人才的好眼力，首先需要了解执行人才身上的共同特质。

企业在打造符合市场需求、切实可行的执行文化时，需要一段很长的时间。因此，很多企业都急于求成，希望能够尽快将企业的执行文化打造好。殊不知，如果不能按部就班，一步一个脚印地进行，就很容易走入企业文化的“雷区”，白白浪费大量的时间、精力、资源，从而无法打造出符合市场需求，同时让所有人认可的执行人才。

很多执行人才办事看似简单，但却有效率，比如李雨桐。

李雨桐是一家知名广告公司的文案策划专员，最近正在为一家电影公司做短片宣传的文案工作。由于这个项目很大，总经理每天都会亲自来和李雨桐讨论方案。有一天，总经理突然提出了一个很大胆的建设性方案，这个方案很显然值得考虑，但问题是，如果想让对方推翻现在的方案，接受新的议案，还要重新召开董事局会议，然后再给对方一定周期确定，这样一来反而耽误了公司原有的计划进度。

李雨桐灵机一动，自掏腰包专门录制了一个长达一小时的视频，画面清晰、生动无比，虽然这么长的短片价格不菲，但是李雨桐却迅速让对方清楚了这个新的议案。

出乎意料的是，对方第二天便确定用这个新的方案，双方合作反而提前圆满结束了。

李雨桐的执行方案并不见得有多高深，但是却简明有效。假如，她劝总经理可以拖延行动，不主动想办法，那么这个项目到最后很有可能就在双方的漫谈中流产。

作为企业领导者，应该练就识别这些执行人才的好眼力，首先需要了解执行人才身上的共同特质。

1. 积极的心态

心态会影响我们的工作状态，从而使我们的工作呈现出不同的工作结果。积极努力的心态，会让我们从中受益，而懈怠放松的工作思想，会让我们的工作结果丧失成功的可能性。

心态代表一个人的气度，代表一个人的人生目标和工作态度。想要让自己的目标更高远，就应当打造积极向上的心态。

无论身处逆境或顺境，无论受到周围人的怎样看待，你都始终应该保持对目标的积极追求和勇往直前，从而保持工作心态不变。只有具备向上的心态，才能最终成为积极的员工。

2. 没有不可能

任何一名优秀的员工都不会也不应安于现状，随着工作的推进、事业的发展、眼界的开阔，应该学会不断地追求更高的定位，制订更高的标准。我们经常看到很多年轻人一腔热血地开始奋斗，却总是在半路停下脚步，无疾而终，或安于现状，或漫无目的游荡，完全不会抱着“没有不可能”的心理去挑战所谓的“不可能”。他们最终只能长时间做一名庸庸碌碌的普通员工，很难成为职场中的赢家。相反,那些有所作为的一流员工,总是用于挑战“不可能”的“职场圣斗士”。

3. 自动自发

很多员工总是喜欢和其他同事比来比去，看谁承担得多了，谁做得少了。其实，这是一种十分错误的狭隘观念。不要觉得你承担过多也没有人看见，如果你的员工表现出能够承担某项工作，说明他也能胜任那项工作，那么相应的绩效和报酬自然就会接踵而来。所以，优秀的员工能够自动自发地去承担，即使没有人要求他承担，也会主动向上级要求承担更多。

4. 时间管理

但凡能把事业做得有声有色的员工，都是时间管理的专家，曾经有一项调查，统计了一位活到 73 岁的美国人如何支配自己的时间：

睡觉的时间用了 21 年；工作的时间用了 14 年；搞个人卫生的时间用了 7 年；吃饭的时间用了 6 年；旅行的时间用了 6 年；排队的时间用了 6 年；开会的时间用了 3 年；打电话的时间用了 2 年；找东西的时间用了 1 年；其他的时间用了 3 年。

看到这样的数据后，你是不是觉得有太多宝贵的时间都被自己荒废掉了？

所以，对自己负责的员工，首先应该学会管理属于自己的时间。

5. 细节决定成败

每一件工作任务，对于员工来说是一个完整的事情。但是对于企业来说，只是庞大生产计划中一个小小的细节。正是这些细节的累积，决定了企业的兴衰乃至生死存亡。因此，不注重细节的企业注定会被淘汰，而那些优秀员工对于细节的追求，也会影响他们的前途和命运。

◎ 西点执行型领导者的三大特质

在西点军校，一名优秀的执行总裁身上都有以下三大特质：尽职尽责，自动自发，善于合作。

一位领导者是否合格，有没有统一标准？

统一标准谈不上，但在西点军校，一名优秀的领导者身上都有以下三大特质。

1. 尽职尽责

确切地说，责任是一个成熟的自然人对自己的内心及环境百分之百承担的一种能力和行为。

除了对与我们相关的人和事负责，作为领导者更要为自己的言行举止、才华天赋负责。

工作与生活是密不可分的，一个人在生活中富有责任心，在工作中也不会吝啬自己的责任心。一名成功的领导者，一定是有责任心的人。他们关注最终结果，对找借口不感兴趣；他们专注于结果，并总是想尽办法获得好的结果；他们很在意是否做了正确的事情，而不会为失败的结果找理由。

当你不在自己身上找原因，而把责任推卸给其他人时，失败的结果就会变成理所当然的事情。

有些领导者无论是在执行某项任务时，还是负责某个项目时，总是半途而废。在负责期间稍有差错或困难，就会知难而退。总是抱有“我不管，反正还有别人管”、“团队是大家的，凭什么就我一人负责，我也该歇歇了”的侥幸心理。长此以往，不但会失去员工的信任，自己对自己也没了信心。所以，负责更需要一种坚持，直到拥有一个确定的结果，再根据具体问题具体分析是否有必要继续跟进。

2. 自动自发

自动自发这个理念不仅能让一个领导者办事聪明、认真负责，更能让一个团队绩效瞬间激增百倍，同时还能让领导者的理念层层解放。换言之，当你的方法多过问题时，你的思想就可以解放出来，去做更多的事情。而作为领导者自己，当然更是一种解脱，因为你比别人多了好几倍的业绩。

所以，当你有“不找借口找方法”这种心态的时候，你不仅会自动自发地去努力执行任务，并且还会因为找到更多的好方法而为企业创造非凡的业绩，也会因此拥有越来越多的勇气和信心，不再害怕难题，还会将遇到的问题，转换成进一步成长和发展的机会。

3. 善于合作

企业的成功离不开领导者与其他成员之间的紧密合作、精诚团结的集体意识，也离不开领导者之间相互学习、有序竞争的良好氛围，唯有如此，才能把整个企业推到一个仅靠个人所无法达到的巅峰状态，让企业中的每个员工都能切身感受到企业的凝聚力、战斗力，感受到比自我更为强大的工作力量。

在工作中，领导者应当秉持为企业付出、为同事和下属付出的理念。比如,在具体工作中,对于企业的目标,不折不扣地去完成,并提前去付诸行动;下属遇到难以解决的困难时，你应该把他的困难当成自己的困难，进而转化为团队的困难，切实承担起领导岗位的职责，带领整个团队协助他顺利解决；当各部门有困难时，你不应该抱着与我无关的心态，而要看成自己的责任，及时施以援手扮演好自己合作者的“主人翁”角色。

二、标准1：百分百责任

◎ 什么是负责任？

责任就是担当和付出。

明末清初思想家顾炎武先生早就说过："天下兴亡，匹夫有责。"这里的"责"，就是指责任。德国大文豪歌德说过："责任就是对自己要求去做的事情有一种爱。"美国前总统林肯就是一个负责任的人，他曾经强调，每个人应该有这样的信心：人所能负的责任，我必能负；人所不能负的责任，我亦能负。还有许许多多的伟大人物展现了他们对责任的独特理解，他们之所以能成为伟大人物的一个基础条件，就是他们都是负责任的人，都是有责任心的人。

责任感又称责任心，是指人们在充分认识、认同和认可社会所赋予自己的责任并已经内化成自己的思想、认识、观念的基础上形成的意识和情感，是个体内在的、时刻督促个体履行自己的社会责任的一种品质、一种精神力量。也就是说，责任感是每个人内心一种强大的动力，促使着他在工作中自觉遵循企业责任的规定，积极主动地履行各种责任要求。责任感的培育也是存在着多方因素的，其中最重要的就是个人的内在力量。只有当一个人充分认识到负责任能带来一定的好处，能为自己和企业甚至国家带来一定的利益时，他才有可能主动去承担责任、提升责任感。可以说，从思想上对责任的全面深刻的认识，是责任心得以形成的十分重要的认识论条件和思想动力。

有一个大学生毕业后进入一个大型企业工作，担任总裁助理一职，但是半年下来，他所做的工作仅仅只是端茶倒水、复印文件等微不足道的小事情。有一天，人事经理宣布将他辞退，原因是他不能胜任总裁助理一职。大学生很不服气地问："我的工作表现难道不好吗？"人事经理耐心地告诉他："你工作做得很好。但是总裁助理光会端茶倒水可不行。很多总裁没有吩咐你的事情你也应该主动承担下来，以减轻总裁的负担，不然我们招聘助理干吗？"

可见，责任就是承担应该承担的义务，做好应当做好的工作，完成分内之事，并且当出现问题的时候，能够勇敢承担下来。责任感是主体对于责任所产生的主观意识，也是衡量一个人素质的重要标准。普通员工当如此，企业领导者亦该如此。负起自己应该担当的责任来。

1. 看似与自己无关的工作也要主动去做

从你成为企业领导者的那天开始，这个企业从上到下所有的大小事务都有你的一份责任。人与人相互交往才形成了社会，人们在社会中可以获得各种机会和保障。但是，只有每人都承担起相应的责任，才能保证社会的健康运行。企业也是一样，只有每个人明确自己的责任和义务，才能保证企业的良好运作。这就向我们提出了要具备责任心这一品德的要求。在人类社会相互依赖性增强的今天，企业中也更需要领导者能够负起责任，相互帮助，这对于协调企业的利益关系和道德关系，对于保障企业的良性运行具有越来越重要的作用。然而事实上，少数人受狭隘的功利主义影响，对同事、对企业，甚至对国家的责任心变得日益淡薄。

2. 拥抱更大的责任感，与社会共同进步

社会在发展，领导者也应该随着社会的进步而进步，拥有更大的责任感。只有领导者做到负责任，一个团队才能获得成功，一个企业才能得到快速发展。

责任不是先天就有的，而是后天形成的；责任不是来源于什么上帝规定的法则，而是由人成长过程中自身的学习行为和活动确定的，其实质是领导者要对自己的行为和活动及其后果承担责任。

人通常有一个坏习惯，就是不愿意承担责任。一有责任就推出去，认为自己都是对的，自己从来不犯错误，都是别人做错事。诸如此类的观点害了不少人。不少企业都存在这样的问题：一遇到问题，领导者就悄悄躲到一边！

这样的领导者通常性格自私、缺乏勇气，而且其在职业生涯中也不会有太大的发展。相反，一个有责任感的领导者，当他面临挑战和困难时，他会迸发出比以往强大若干倍的能力和勇气。因为他知道，很可能因为他的懦弱而让企业承受巨大的损失。只有勇敢面对，才有可能真正担起责任，做好事情，对得起自己，对得起企业。

作为一个领导者，跟员工喊完口号、宣布完纪律，自己却做不到，员工自然也不会真的去遵守。著名的企业家张瑞敏在 1984 年刚接管海尔的时候，他定的第一条厂规就是“不许随地大小便”。厂里很多干部都笑了：“厂长怎么定了这种规矩？”但是张瑞敏却说了这样一句话：“这一条现在我自己能做到，所以我先定下来。我自己现在做不到的，我先不说。”这让所有人都非常感动。

但实际上，很多领导者不是这样的，他们定下很多规矩要求员工去遵守，

自己却不去遵守。久而久之，这个领导的威望就会降低，最终他将无法领导自己的团队和员工。只有自己首先做到了，别人才能信服。你的行为体现了你的责任感，所以获得了其他人的尊重，正是这种尊重，影响了员工们的责任思维，让他们意识到一个人必须对自己的工作负起责任来。

◎ 责任只有百分百

责任没有99.9%，只有100%。

你或许不了解西点军校，但这个名字一定让你如雷贯耳——杰斐逊。美国第三任总统，《独立宣言》的主要起草人托马斯·杰斐逊于1802年3月16日，正式宣告在纽约州西点成立“美国军事学院”——这就是久负盛名的西点军校。

200多年来，西点军校培养了众多杰出的政治家（其中两位成了美国总统）、军事家（其中十一位成为了将军）、科学家、教育家和企业家。

很多人好奇，西点军校为何如此成功，它的秘诀是什么呢？原来，西点军校始终以培养一个人的责任心为核心价值观。“责任、上进、国家”是西点军校的校训，也是西点军校的精神。

在职场中，经常能够听到员工说：“公司是老板的，我们是打工的……”然而，公司真的只属于老板吗？面对这个问题采取怎样的回答，将能够体现员工的责任心程度。一心将自己和公司利益分开的员工，其实对自己和公司都缺少应有的责任感，而能够急公司所急，想公司所想，与公司共同成长，这样的员工才能顺利获得发展。

从这个角度来看，员工即使不是公司资产的所有人，但依旧是公司利益的分享者，无论是从“同舟共济”的中国式传统思维，还是从“最好的员工永远把自己看作老板”的西方职场理念，员工都应当具备应有的责任意识。这种责任意识将是员工在职场中赖以生存的精神食粮，同时也是他们对自身工作尽职尽责的出发点。

对于不少人来说，“责任”两个字似乎已经远离他们，实际上，它虽然诞生于计划经济时代，但绝不可能终结在市场经济中。“责任”两个字蕴藏着员工对自身地位的认同感，体现了一种来自于内心的不可逃避的使命感，通过强调这样的事实，员工会寻找到一种忘我投入的工作状态。责任意识同时要求员工不应当在思想上把自己界定为企业之外的人，而要自觉将自我看成企业的构成，不因为个人暂时的得失利弊来衡量自己是否去努力工作。这些因素对于一个企业和其中的员工是否能获得有效发展，显得相当重要。其中，最关键的步骤，在于能够主动创造条件，克服困难，勇于在团队最需要之时，百分之百承担起自己的责任。

公元前260年，赵国在长平之战中败于秦军，四十万赵军精锐尽失。第二年，秦军趁着优势，继续进攻赵国都城邯郸。赵王连忙找到了平原君，商量请求楚国出兵援助。

为了能够顺利出使楚国，平原君打算在自己的三千门客中招纳二十人，组成使节团。不料，最终能够符合挑选标准的只有十九人，平原君为此感慨不已说：“我门下宾客三千，挑选二十人竟然如此之难。”话音刚落，坐在所有门客最后面的毛遂站起来说道：“毛遂愿意前往。”平原君对毛遂根本没有什么印象，他略带轻视地说道：“先生居于我的门下几时？”毛遂说：“三年了。”

平原君说："锥子放进囊中就会锋芒毕露，而今既然三年了，却为何从没有听说先生大名？"毛遂回答说："那只是我没有被放进囊中，如果放进去，我肯定要脱颖而出。"

这样的回答引起了平原君的注意，他最终同意将毛遂放进使节团的编制中。

到了楚国以后，谈判从早上一直持续到中午，始终毫无结果。所有的随从都在堂下焦急等待，毫无办法，而毛遂则佩剑上堂，面对楚王大声说道："本来是三言两语就能解决的事情，为什么议而不决？"楚王反唇相讥，毛遂则继续怒目以视说道："楚国拥有方圆五千多里的土地，士兵百万，是一个可以称霸中原的大国。然而，秦国刚刚兴起后，楚国就接连打败仗，甚至连国君也成为了秦国的俘虏，客死在秦国，这是楚国的奇耻大辱啊！联合起来对抗秦国，本来就能够帮助楚国洗雪前耻，大王自己反而不能及时决断，自己难道不感到理亏心愧吗？"这一番话说到了楚王的痛处，于是楚王决定出兵，并同平原君歃血为盟，从此协力抗秦。在楚国和赵国的联合抗击下，秦军撤退，赵国得到了保全。

毛遂在平原君的"企业"里面，只是一个最普通的"员工"，以至于他的地位被排在三千门客之末。然而，毛遂并没有因为自己的人微言轻而放弃自己应有的责任意识，相反，他将赵国的安危当成自己所最关心的，将平原君的目标当成自己的目标，积极而果断地自我推荐，从而进入了求援的队伍中。在楚国，当谈判陷入僵局时，又是毛遂采取主动姿态，果断用自己的口才和胆略说服了楚王，实现了整个团队的目标。

从毛遂的身上，我们读到了一个拥有了责任意识的员工所拥有的态度和能力，这种向领导者和团队主动负责的精神，不仅帮助赵国渡过了最大的危机，同时也帮助毛遂实现了其个人价值。今天，更需要提倡员工积极主动地发现自己和团队的联系，不应当以自己职位或者收入低下为由，而逃避责任角色，并进而丧失其职业道德中应有的责任意识。只有先将自己看成企业的所有者，并付出充分努力，企业才会给员工的付出提供应有的机会。

想要做到这点，可以参考下面的两点建议：

1. 意识到企业对自己的重要性

企业需要员工，员工同样也离不开企业，员工只有在为企业付出的过程中，才能充分认识和履行自己的职责，并看到企业对自己职业生涯所起到的作用。当明白自己同企业的命运紧密相连时，员工的责任意识将会有显著增强。

2. 对自己的行业和工作抱有一定的荣誉感

为金钱而工作的员工很容易疲惫，并因此失去对企业的责任意识。而为荣誉工作的员工，他们会全力以赴地为企业考虑和设想，同时将企业的任务当成自己的工作来分担忧虑，从而形成自动自发履行职责的习惯。这样，荣誉感和责任意识就完美地合二为一。

总之，对于员工来说，要在企业中摆好自己的地位，认清公司的发展形势，明确自己的目标，坚守自己的本职工作，提高自己的业务技能，这样才能充分发挥特长，并拥有 100% 的责任意识，从而创造更好的未来！

三、标准 2：自动自发

◎ 比领导者更积极

打造执行人才的第二个标准便是让员工具备自动自发的能力。

“自动自发者胜”，只有当一个企业的领导者能够带头自动自发地完成工作，才能率领企业在持续的竞争中脱颖而出，立于不败。打造执行人才的第二个标准便是让员工具备自动自发的能力。

作为企业决策的最重要主体——领导者，他的想法决定着企业的战略性发展方向，决定着企业的出路和进步。因此，虽然企业科学经营管理的每一个步骤，都有着与之相对应的分解目标，但无论中层如何设定这些具体的分解目标，其最终都应该指向于工作核心目标——领导者的目标。

宋芳是医药公司的仓库主管，而她的口头禅却是：“我们这群打工仔……”这已成了公司人人皆知的典故。

最近，公司请合作伙伴前来参观仓库，展示公司的实力和条件。前一天，宋芳得到消息，她通知手下员工把存货清理好。在清理过程中，一名员工主动向宋芳报告说，冷藏仓库的温度调节设备最近不大灵，是不是要和总经理报告一下，以防出问题。宋芳冷笑说："我们操那么多心干嘛，都是公司的打工仔而已。总经理说要检修了么？"结果，合作伙伴中的专家一眼就看出了设备的问题，向总经理提出疑问。总经理非常难堪，当场严厉地批评宋芳玩忽职守。

不久，宋芳在接收货物时发现一批货物的产地规格都跟采购订单上不同，宋芳迅速通知了市场部，下属问她要不要上报总经理，宋芳说："不要多事，企业也不是我们的，别这样得罪人，都是打工的嘛。"结果，市场部主管这批货的采购恰巧离职了，问题无法得到答复，宋芳觉得这个问题他已经向上通报了，没必要再报。结果，在一次发货时，购买方代表发现了问题，直接对总经理的信用提出了质疑。总经理一怒之下，把宋芳解职了。

比企业领导者更积极，就是把自己当成企业的主人，愿意为之全力以赴。而打工心态则恰恰相反，认为自己是在为他人打工，需要别人的监管才能努力。很显然，只有先具备主人翁意识，你才有可能成为自己事业的主宰。相反，如果选择后者，你将注定一辈子只能打工。从企业层面来说，越多的员工具备领导者心态，企业发展的态势就会越成功，而每个员工所享受到的经济利益和发展前景也会越好。反之，如果都像宋芳那样仅以打工者自居，那么企业的成长之路会因为缺乏动力越走越窄。

宋芳始终徘徊在打工者的心态之中，她抱怨自己不能成为企业领导者，却又不愿为之付出努力。她羡慕总经理的待遇和地位，却又不能像总经理那样去工作。对于企业，宋芳不愿意付出足够的关心和爱护；对于客户，宋芳的观点是可有可无与己无关。可以毫不夸张地说；宋芳这样被动的员工必然会成为企业的噩梦。

为此，企业领导者应该让企业员工树立领导者心态，让他们把自己的喜怒哀乐放进企业的日常管理中，把自己的经济待遇和精神收益同企业的发展成长联系在一起。

1. 让员工把自己看成领导者

心理学上有个重要的方法称为“换位思考”，作为领导者应该常常为员工着想，可是作为员工更应该多为企业领导者想想。

首先，领导者应该让员工尝试把自己放到领导者的位置上看待问题，感受领导者所承受的压力，试想自己如果在这个职位上，希望员工怎样去维护企业的利益。然后，把相关的想法用自己的行动变成现实来实现“换位思考”的效果，即使领导者不在身边，或者并没有直接指出问题，你也会主动在头脑中以他的立场去履行好代理人的职责。

2. 让员工忘记自己的打工身份

以员工自居，逃避责任，这种心态对于员工的发展非常不利。长期的这种惰性思维，会僵化员工的思考模式，淡漠员工的岗位责任感，抹杀员工的创造力。因此，企业领导者应该让员工尽力忘记自己的打工身份。

如果员工能够学会不要总是站在下层的角度去抱怨和发牢骚，而是能够学会具备高瞻远瞩和统揽全局的战略意识，就会具备承担责任的勇气和对工作的积极心态。比如，不要总是想把今天的事情拖到明天完成，不要只想自己单独作出什么骄人的成绩，而应该竭力与团队共同配合完成任务，更应该学会从综合性的思维模式中得到收益，从而找到减少自己工作成本的方法。

让员工把自己当作企业领导者来参与工作，你就会发现，员工开始信心满满、自动自发地去工作。

◎ 西点军规：火一般的热情

热情是一种精神物质，发自于内心，又深入人心。

关于热情，西点军校前校长道格拉斯·麦克阿瑟是这样说的：“你有信仰就年轻，疑惑就年老；有自信就年轻，畏惧就年老；有希望就年轻，绝望就年老。岁月刻蚀的不过是你的皮肤，但如果失去了热情，你的灵魂就不再年轻。”

西点军校上尉艾赛巴克·尼尔说过：“我们从不把西点军校的生活看作是乏味的事情，我们从军事训练中获得更多的意义。”

史兹韦伯说：“如果每个人都在自己无限热爱的职业中做事，那么就都会有所成就。”

作为领导者，你的工作态度直接影响着你的下属，所以，对待工作不可消极怠慢，任何时候要对工作保持高度的热情。热情是一种精神物质，发自于内心，又深入人心。与其说成功取决于人的才能，不如说取决于人的热情。热情能将内心热烈的感觉表现到表面来，让工作吸引你的注意力，不断为领导者和个人创造更大价值。所以，领导者不但要对企业中的人和事有热情，还要点燃其他员工，尤其是手下管理层的工作热情。

卢丽倩在公司一晃已经好几年光景了，一直担任人力资源部主管，其实，这么些年一直从事相同职能的工作，卢丽倩早已厌烦，只是在此之前，她还懂得克制自己。最近，卢丽倩却把这种厌烦情绪带到工作中来，对于下属的求助和请示都极其不耐烦，总之是完全没有了几年前工作的那种激情。

一天下午，总经理把卢丽倩叫到办公室谈话："下个月我们公司内部要进行一次考核，优秀的主管，我们会给予一定奖励，你也跟随我这么些年了，你的能力我十分清楚，我也很看好你，所以，我们部就派你出马了，不要给我丢脸！"

卢丽倩一听，表面上答应，心底里却厌烦透了。卢丽倩心想：既然都这么些年了，我什么能力谁不知道，还用得着考核？回去之后，卢丽倩也没做什么准备工作，意志很消沉，考核过程中也完全提不起精神，最终，一个堂堂主管，竟然只拿到了及格分。这让总经理大为恼火："你是怎么搞的，之前我还千叮咛，万嘱咐，这一个月来我也没少鼓励你，可你呢，到底往心里去没有？"

面对总经理的责难，卢丽倩心如止水，毫无半点反应……

企业领导者应该意识到，如果管理层的工作态度出现问题，这种情绪就会传导给下属。而下属都有这样的认同心理：跟着一个毫无热情的领导后面做事，确实很没意思。消极怠工的惰性久而久之会蔓延到整个部门，就会导致组织开展工作的难度增强，个人和团队的工作效率降低，所有能够产生绩效的个体都存在懈怠情况，接着"渎职"也时有发生，整个组织便会面临瘫痪境地。

每个人都欣赏满腔热情工作的人，欣赏那些将工作中的奋斗、拼搏看作人生的快乐和荣耀的人。虽然卢丽倩是企业的老员工，但却不应以此为借口，丧失工作的热情。因为，热情是工作的灵魂，唯有热情才能使人时刻保持清醒的头脑，不遗余力改进工作中的不足，使全身细胞都处于兴奋状态。卢丽倩正是由于提不起工作的热情，才导致工作的态度发生变化，交不出圆满的成果和业绩。作为企业领导者，一定不能包庇这样的下属。一旦发现这样的员工，应该及时纠正并培养员工的热情。

1. 树立员工对公司的归属感

领导者要想让员工在日复一日的工作中保持心中的热情，首先要使其充分认识自己工作的价值所在及重要性。以假设法为员工列举如果不这样做的后果都有哪些，使员工认识到事情的严重性，建立起对公司的归属感，往往这种内在力量的觉醒比上级的说教更能令员工大彻大悟。

2. 明确工作目的，培养工作热情

有些工作的热情并非天生使然，而是需要员工在后天的工作中逐渐锻炼与培养。那么，领导者首先应该让员工明确工作的目的，知道自己为了什么而工作。比如，是在为领导者打工，还是为自己工作?

工作犹如攀岩，往往在爬坡的时候会感到干劲十足，因为那一刻山的最顶端就是自己的目标；相反，登上山顶后反而觉得迷茫，因为此刻的你不知道哪里才是属于你的方向。所以，企业领导者应该让员工试着在不同的阶段为自己确定不同的目标，这样员工在工作时才会充满激情，热情不减。

四、标准3：善于合作

◎ 西点军魂塑造：打碎自我，彻底融入团队

一个人的成功不是真正的成功，团队的成功才是最大的成功。

西点教官们常常会这样告诫学员："一滴水要想让自己永不干涸的唯一办法，就是将自己融入大海之中，即使是一个个弱小的个体团结起来，也会形成一股强大的力量。"

西点人信奉这样的理念："我们这样团结起来，有助于创造一种集体观念的气氛。"

在西点军校，教官对一个战斗小组进行考核时，如果只有你一个人准备好了装备，第一个进入序列，而撇下了其他的战友，那么你不但得不到表扬，还会受到教官的斥责。

实际上，一个人的成功不是真正的成功，团队的成功才是最大的成功。对

企业人来说，谦虚、自信、诚信、善于沟通、团队精神等一些传统美德和行事规则十分重要，团队精神在企业或个人的事业发展中都是不容忽视的。

一家企业的成功不是靠领导者一个人或几个人能完成的，必须通过全体员工的努力。这样既可以发挥每个人的最佳效能，又可以产生最佳的群体效应。个体永远存在缺陷，而团队则可以创造完美。只有让每个企业人都打碎自我，彻底融入到团队的大家庭中，才会拧成一股绳，让合力最大。

每个部门、每个员工都应从公司的整体利益出发，善于进行换位思考，发现别人的长处，发现双方存在的共同点，取长补短，树立团队协作意识。同时，要不断培养作为企业员工的自豪感，让员工深刻体会到在这个集体中凭借着共同的努力可以战胜所有的闲难，去实现员工自己的人生价值。

事实证明，企图靠单打独斗就想干大事情的想法是不现实的，也是不受欢迎的。因为所有的公司都一致认定，一个人即使再优秀，如果他不具备团队精神，那么也不会录用他。

对于企业而言，团队精神是非常重要的，它关系到企业团队的生死存亡。

比如，在登山过程中，为了保证安全，每组登山队员之间都会以绳索相连，这样，即使一人不慎失足跌落，其他成员也能互相救助，帮助其脱离危险的境地。而如果是一个人的话，那就没有任何保障了。同时，当其他成员在努力之后依旧无济于事时，为了保证其他成员的安全，能够让他们继续前进，失足队员就会毫不犹豫地割断绳索，让自己坠入深谷。

从登山运动员的相互协作中我们能够看出团队精神的重要性，他们之中的任何一名成员出现失误，都会影响到其他成员的安危，影响团队前进的脚步。而且，只有在互相协作下，大家才能走得更远、攀得更高。

1. 培养企业人的团队精神

在市场竞争日益激烈的今天，企业内的很多工作都无法靠一个人来完成，因此，员工们之间不得不进行合作。只有将自己的能力与别人的能力结合起来，才能够提高团队的执行力和竞争力。

由于刚刚进入企业的员工还不明白团队精神的重要性，也缺乏足够的合作意识。因此，他们还需要通过训练和培养，来提升自己这方面的意识。领导者应该教导员工，只有将自己融入到企业团队中去，把团队当作家庭，把其他成员当成自己的兄弟姐妹，去有意识地提升自己的团队意识，才会取得更好的效果。企业的刻意培养则是次要的。

2. 员工将企业团队当作“家”，同时领导者也要将员工看作“家”的一员

很多员工之所以在进公司之前很优秀，进入公司之后就无法发挥出自己的实力，就是因为他们没有将自己看作公司内真正的一员，没有将自己彻底融入到公司当中。因此，他们就不会将自己的利益与公司未来的发展联系到一起，认为这之间不存在相互联系。

事实上，这种想法是极端错误的。我们常说“覆巢之下，焉有完卵”，如果企业的利益受损，依附于企业的员工利益又怎么能够得到保障？只有将自己真正当作企业的一员，员工才会意识到这个问题，才会努力工作，去维护企业的利益，也将得到企业更为丰厚的回报。

员工们将企业团队当作“家”的同时，领导者也应该将员工们看作这个“家”中的一员，只有那样做，才能够让员工们感受到“家”的温暖，才能够更加努力地工作。

某企业在同行业中的成绩一直遥遥领先。为了了解到该企业为何能够一直保持领先的秘诀，一位记者对企业的员工进行了私下的调查。

这位记者发现，在这家企业中，员工们都很自觉地工作，而且工作非常卖力，很少有偷懒的现象出现。对此，他非常不解，在他的印象中，员工偷懒已经成为了每个企业中普遍的现象，为什么这个企业中的员工在工作中能够做到如此勤奋？于是，他采访了几位员工。

没想到他得到的答案很相近，员工们一致表示，他们之所以能够如此卖力地为企业工作，正是由于这家企业的老板对他们非常好，将他们当作亲人来对待，他们也把企业当家看待。试想，谁不是为了家的更好发展而更加努力工作？

这位记者恍然大悟，终于明白了这家企业能够成功的秘诀。

通过这个例子我们能够了解到，企业领导者要想留住员工，让员工为企业的发展而贡献出更多的力量，就必须将他们当作亲人一样看待，处处为他们着想，维护他们的利益。而员工若想要获得更多的利益，同时实现自身的成长，就必须将企业当成“家”来对待，这样才会无怨无悔地付出，而在付出的同时，他们也将得到更为丰厚的回报。

◎ 执行型人才三大标准

执行并且出结果是一个员工工作的最终目的。

执行并且出结果是一个员工工作的最终目的。但是，企业的领导者给员工一项任务，其实并不是想让他机械地执行，或许领导者说了几条要求，但大部分都是在给员工一个方向参考，具体做事则掌握在员工的手里。所以，领导者应该让员工明白，结果没有统一的标准，作为员工要有主动创造结果的激情，通过时间的检验和付出，不断从小事中把握机会，向他人证明自己是优秀的执行人才。

何为优秀的执行人才？西点军校的三大标准可供企业的领导者们参考：

1. 坚守承诺

优秀的执行人才有着强烈的欲望和内心需求，他们为企业卖力，也是为了实现自己的愿望，希望能够从企业中获得什么，也许是金钱，也许是为了自身更好的发展。虽然他们是有所求的，而不是义务为企业劳动的，但是他们往往会为了达到这一目标而坚守对企业的承诺。也就是说，他们只有兑现了对企业的承诺，才会进一步实现自己的愿望。

当然，企业领导者也要把握住这一点，想办法满足员工们的欲望和需求，同时也要让员工坚守承诺，更有效地激发员工们的工作热情，从而让他们全身心地投入到工作当中，这样才能使他们为了企业的发展而更加努力地工作，因为他们明白，只要企业取得了发展，那么他们就能够从中受益。

反之，如果领导者只是给员工们许下空白的承诺，而不给他们兑现，那么久而久之，员工们的欲望和需求无法得到满足，他们的工作积极性就会受到很大的打击。缺乏了工作积极性就会缺乏工作热情，缺乏工作热情就会导致执行力下降，从而影响工作效率。

2. 结果导向

不少人以为，所谓结果导向，说白了就是类似于刘项之间的“成王败寇”定律，只要做成功了，就会得到赞扬嘉许；只要做失败了，注定是被批评打击。

其实，这种想法是片面的，并没有意识到什么才是真正的过程和结果。

现代社会工作分工日趋严密，每个人的工作任务都越来越像大型机械中的一个小零件，如果这个小零件出现问题，就一定会导致结果的不完美甚至失败。因此，结果导向，同时也就是对于过程的追求。两者并不矛盾。

即使是“成王败寇”的说法，也不能够逃脱这样的事实：如果能够把握住过程中的每一个小细节，在人才、政治、军事各领域斗争上都不弱于刘邦，项羽会最后落到失败的下场吗？很明显，正是因为项羽对结果虽有想法，但对过程的细节却毫不在意，因此才会失去想要的机会。

3. 决不放弃

就算被埋没，只要是金子总会发光。

不同的工作环境，不可能完全适合每一个人。因此，自恃有才者感觉被埋没的情况，在大多数企业都不罕见。问题是，如果一个人感觉自己被埋没了，会怎么做呢？是就此觉得“既然被弃用，不如混日子”还是“既然不用我，不如跳槽算了”？其实，这两种想法都不妥当。

可以肯定的是，那些企业中的执行人才都相信：是金子总会发光。混日子和跳槽，都只是解决眼前问题的小聪明，谈不上打造高效率工作能力的大智慧。真正的智慧行动，应当是努力利用被无视的时间，放低自己，脚踏实地地学习、打造经验，以期望机会到来时一飞冲天。只要永不放弃、坚持努力，就一定会得到想要的结果。

第六章

执行标准

——实施结果管理，打造执行铁军

一、结果导向——西点人以结果为评价标准

◎ 为什么要做结果——结果改变命运

一些经营惨淡的企业与发展良好的企业之间，最大的区别就是在于是否能做出结果。

在现今竞争激烈的社会环境中，企业要想得到良好的生存与发展，似乎并不是件易事。然而，是什么决定了企业的命运呢？当我们留心看身边的一些企业时，便很容易发现，一些经营惨淡的企业与发展良好的企业之间，最大的区别就是在于是否能做出结果。

任何人的成功都不是偶然，即使将世界上现有财富重新平均分配给每个人，几十年以后，依旧有人成为亿万富翁，有人不名一文。对结果的追求，对过程的挑剔，就注定了每个人命运的不同。

责任是解决问题的开始，是真正成长的开始，是提升团队执行力的开始，责

任思维的重要性显而易见。那么，是不是有了责任思维，我们就会有很好的团队执行力了呢？作为企业的领导者，你是否有过这样的感受：现实中我们经常发现企业里有些员工责任心很强，工作加班加点，看起来很努力的样子，但是最后做出来的成绩总是不能让自己满意，不能让客户满意。另外，还有些人认为只要完成了领导下达的任务就算完成了工作，但最终根本没有给公司带来任何赢利。这是为什么呢？到底什么是成果，结果是不是成果？答案毫无疑问是否定的。

举个简单的例子，电脑坏了找人来修，修完了是结果，修好了才是成果。结果和成果两者之间是有区别的，成果是有绩效的结果，换句通俗的话来说，成果就是别人愿意用钱来跟你交换的东西，比如只有电脑修好了才会给钱，没修好当然拒付。

忙忙碌碌不等于有成果，忙就一定要忙出好的结果来。朋友是某公司老板，据说他就经常看到一些员工从早到晚奔波繁忙，行色匆匆，好似忙得不可开交，以至于同事让他帮忙接收处理一些简单的事，他都以“不好意思，我自己的事都忙不过来”为借口搪塞推辞。可是到了月末考评，他的成绩却并不理想，也未得到上司的表扬和公司的提拔，只能闷闷不乐地感慨自己的怀才不遇，叹息身边没有英明的“伯乐”慧眼识别他这匹“勤劳”的“千里马”。

其实，这种人的忙是属于“盲目的忙”，是“瞎忙”。公司要的并不是工作中的“拼命三郎”，而是能给公司真正带来利益和价值的“成果型员工”。企业员工不管在完成任务过程中多么辛苦忙碌，要是没有将任务圆满完成，那么一切苦劳皆是“白忙”，一切付出都是浪费。

丁永乐是一名 IT 行业从业人员，开始工作的时候，他生龙活虎，经常能为了一个技术故障同客户交流到深夜都不厌烦，同事们都看好他的前途。

照理说，丁永乐这样技术高、业务强又肯干的人，早就应该在公司里升职了。可是，他身边的搭档都提拔上去担任部门主管了，而他大半年之后却一直不见升职的动静。于是，他的斗志慢慢懈怠下来，自己觉得遭到了埋没，工作也开始学会了应付。

一个偶然的机会，丁永乐知道了自己一直没有被提拔的真正原因。原来，人事部的领导早就在提议给他升职，不过，公司副总说，还要看看这个小伙子的气度怎么样，于是，故意把他晾了这么大半年，结果，正是这大半年里他懈怠、总是完不成工作的表现，给副总留下了很不好的印象，对他的评语是“难堪大用”。丁永乐知道了这个事实，真是欲哭无泪。

丁永乐的态度随着周围给他的回报而发生变化，并不是专注在工作结果上，而是谋求自己的个人利益。作为企业的领导者，并不喜欢身边的管理者时时刻刻把自己的得失看得太重，从而影响工作态度乃至结果。因此，他没有得到应有的提拔，也是理所当然。看来，做结果也是一门学问。

1. 不经过追求就得到的结果，并没有足够的吸引力

小到购买商品的过程，大到选择升学、就业、婚姻，我们的生活充满了追求。既然无法逃避各种各样的追求，领导者应该适当地建议员工，不如把追求当成一种享受，把过程当成一种乐趣，因为通过这些得到的结果，才会辉映出你能力的光芒。

然而，很多人并不乐于追求结果，他们往往习惯于坐等别人把结果放在他的面前，或者只经过小小的努力，就实现最终的成功。事实上，通往成功结果的小径永远挤满了攀登者，一不留神就会被淘汰下来，更不可能有什么轻而易举唾手可得的成功捷径。

因此，我们要学会享受追求，体验克服困难的那种畅快淋漓。真正做好一个结果的幸福感，是任何物质享受所不能比拟的。它象征着你能力的认可，象征着你是一个值得信赖和可以依靠的员工，象征着你从这件事开始，将会走向持续的成功。

2. 不执着的人难以有成功结果

内心对于结果应当有一定的执着，放下所有的执着，不再追求工作业绩的人，必然不适合现在的岗位。

其实，每个人都不可能完全做到放下执着，对于荣誉、高收入，每个人都有不同程度的追求。然而，员工是否能把这些方面的追求，变成工作中对于每一个细小结果的单纯的向往，变成对于自己提高工作能力的逐步积累，这决定了成功和失败、精英和平庸的分水岭。

3. 不要轻言满足，追求结果无止境

满足是优秀结果最致命的敌人，一旦感到满足，工作的动力就会减弱，犹如失去燃料的汽车，不再能够驰骋在公路上。

优秀的领导者只会选择调整自己的工作状态，改变自己的工作节奏，允许自己身心得到放松，进行必要的工作之间的休息。但是，他们从来不会告诉自己已经够了，更不会允许自己停在原地，放任自流，看着同事一个又一个超越自己。而平庸的员工则不同，他们犹如登山路上第一批被淘汰的队员，在山脚下仰望山峰时，就承认了自己的无能。

4. 完成任务不等于取得成果，企业要的是绩效

很多领导者希望员工通过劳动为企业创造价值，并不关心工作过程中出现了什么问题，而是问题有没有得到解决，是否得到了最终的结果。企业里常常有这样一种员工，他们完成任务就像例行公事、应付了事、走程序过过场，宛如“做一天和尚撞一天钟”的小和尚，把目光只是放在任务是否完成上，求量不求质。事实上这是非常不可取的，因为企业给你发工资购买的是你的成果，

即你劳动创造的价值，而绝非没有价值的劳动。

比如，李总让其秘书小陈给某企业发传真，中饭之后李总问起传真对方是否收到，小陈却回答不知道，货什么时候发过来也没问，李总遂欲言又止。其实，发传真的目的就是确认对方今天发货，只将传真发过去而不管对方是否接收到，这个传真发与不发没什么区别。看来小陈仅仅是按李总吩咐单纯完成了任务，而没有提供所需的有效结果。这样的处事能让领导满意吗？

我们要取得满意的结果，就应当关注自己做的核心价值，而不能仅仅把目光放在任务是否已经完成上，应该将目光放得更长远一些，将焦点放在“结果”上，为公司不折不扣地拿到成果。

5. 努力、辛劳、付出不等于成果，结果比过程重要

勤勤恳恳、忙忙碌碌、任劳任怨、埋头苦干、默默无闻是大家公认的敬业者楷模形象，可是勤恳就一定能完成任务，忙碌就一定有收获，毫无怨言就一定会做得准确，埋头苦干就一定业绩斐然，默默无闻就一定会成功？下面我们就来看一个有趣的实验：有人把许多毛虫放在一个大花盆的边上，使它们首尾相接，排成一圆形。这些毛虫开始动了，像一个长长的游行队伍，没有头，也没有尾。研究者在毛虫队伍旁边摆了一些食物，但这些毛虫要想得到食物就得解散队伍，不再一条接一条地前进。研究者预计，毛虫很快就会厌倦这种毫无用处的爬行而转向食物，可是毛虫没有这样做，它们沿着花盆边以同样的速度走了七天七夜，一直走到饿死为止。这些毛虫付出很多，但毫无成果。那些员工就跟这些毛虫差不多，自以为忙碌就是成就，干活本身就是成功。其实在这个社会上，“一分耕耘不一定就会有一分收获”。重要的是如何才能做到事半功倍。现在是竞争的社会，比的不是谁更努力，比的是时间和效率。

再来看一个例子。古罗马皇帝哈德良身边有一位将军常年跟随他征战沙场，

任劳任怨，但却一直没有得到提拔。终于，将军按捺不住疑惑的心情，鼓足勇气向皇帝提问为什么总是得不到晋升，以自己的经验应该提升到更重要的位置上去！因为自己已经参加过10次以上重要的战役了。

哈德良皇帝笑了笑，顺手指着拴在旁边的驴子说："亲爱的将军，好好看看这些驴子，它们至少参加过20次战役，可它们仍然是驴子。"

实际上，这位将军只是关注自己"做了什么"，而没有关心自己"做到了什么"。他只会统计自己的工作量，却取得不了皇帝期望"战争胜利"的满意结果。就如同参加过20次战役以上的驴子，终究没有本质上的改变。在当今企业中，不乏跟这位将军"没有功劳也有苦劳"相同想法的员工。他们总以为自己已经"尽力"完成工作了，到底结果怎么样不是自己的问题。那些成天抱着"没有功劳也有苦劳"想法的员工应该好好反省一下："我究竟做到了什么？"这有利于提高工作责任感，充分发掘自己的潜力。

成功的企业人是不会混淆工作本身与工作成果的，他们明白大量的工作和努力并非一定能获得相应的回报。所以，一项活动要产生效果，就一定要明确一个目标，成功的尺度不是做过了多少工作，而是做出了什么成果。

◎ 结果与执行：什么是真正的执行？

执行力就是要负起100%的责任，不折不扣地拿到成果。

“执行力”一词对大家来说并不陌生，执行力到底是什么，通过前面关于结果的介绍，可以定义为：执行力就是要负起100%的责任，不折不扣地拿到成果。评价一个组织或员工执行力强弱的标准，就看能否准时、高效、圆满地完成任务和取得成果。执行力是将企业战略、规划转化成为效益和成果的关键。一位资深企业管理专家曾说过：一个企业成功与否，20%是企业的策略决定的，80%则是靠企业各层管理者和员工的具体执行力。可见执行力的重要性，它关乎着企业的未来。执行力包括完成任务的意愿、完成任务的能力、完成任务的程度三个方面。

所谓完成任务的意愿就是对待工作的态度，让员工树立正确的态度有助于执行力的发挥。怎么样的态度才是让企业认可并满意的态度呢？应该是热情高昂、积极主动、勇于承担的态度。

1. 培养员工的热情

热情是企业人的生命，领导者应该明白，一个充满热情的员工会给公司带来无限的激情和非凡的创造力，同时也能感染他所在的工作团队。工作态度折射着人生态度，一个天性乐观，对工作充满热忱的人，无论他眼下是在洗马桶、挖土方，或者是经营着一家大公司，都会认为自己的工作是一项神圣的天职，并怀着浓厚的兴趣去面对。而一个没有热情的员工不可能始终如一，并且高质量地完成自己的工作，更不可能创造好的业绩。当他接手一项新的任务时，可能只会不停地抱怨，批评这个、埋怨那个，畏惧困难，而不是充满斗志、激情地去想方设法利用自己手中的资源、发掘自身潜在的优势，这样永远不能将事情认认真真、扎扎实实地做好，也不会有什么执行力可言。

有人问三个砌砖的工人：“你们在做什么呢？”

第一个工人没好气地嘀咕：“你没看见吗，我正在砌墙啊。”

第二个工人有气无力地说："嗨，我正在做一项每小时 9 元的工作呢。"

第三个工人哼着小调，欢快地说："你问我啊朋友，我不妨坦白告诉你，我正在建造这世界上最伟大的教堂！"

这就是三种人对待工作的不同态度。一个成绩斐然的员工必定是对工作充满热情而很少抱怨的。不妨设想一下他们三位的命运，前两位继续在砌着他们的砖，因为他们没有远见，不重视自己的工作，不会去追求更大的成就。但那位认为自己在建造世界上最大的教堂的工人则不一样了，他一定不会永远是个砌着砖的工人，也许他已经变成了承包商，甚至变成了很有名气的建筑设计师，也还会继续向上发展。因为他善于思考，他当时对于工作的热情已经明显地表现出他想更上一层楼。工作满意的秘密之一就是能"看到超越日常工作的东西"。一旦心情愉快起来，就会全身心投入，本来你觉得乏味的事情会变得妙趣横生，这正是工作热情的本质所在。

2. 培养员工的主动性

积极主动的员工一直是企业领导者青睐的对象，那些被人从后面催促、被动应付工作的员工，永远不会得到重用，而主动工作、积极进取、努力实干的员工才会很容易在职场中找到自己的位置，并获得成功。企业的生存发展依赖于员工的主动程度，主动工作的员工具有一流的执行力，他们能够积极地思考对策，抓住工作重点，把工作真正落到实处，通过自身不断地努力，解决一个又一个难题，即使自己的方法不尽如人意，也能积极主动去请教别人，保证工作顺利并按时完成，他们的自身价值也在这个过程中被不断提升。

举个例子，林美丽、史可、桑慧同时供职于一家企业。林美丽的口头禅是："那么拼命为什么？大家不拿同样一份薪水吗？"林美丽从来都是按时上下班、循规蹈矩，职责之外的事情一概不理，分外之事更不会主动去做。不求有功，但求无过。史可永远悲观失望，似乎总是在抱怨他人与环境，认为自己所有的不如意，都是由于环境造成的。她常常自我设限，让自己本身无限的潜能无法发挥；她其实也是一个有着优秀潜质的人，却整天生活在负面情绪当中，完全享受不到工作的种种乐趣。她总是牢骚满腹，这种消极情绪会不知不觉传染给其他人。而在企业里却经常可以看到桑慧忙碌的身影，她热情地和同事们打着招呼，精神抖擞、积极乐观、永争第一。桑慧总是积极地寻求解决问题的办法，即使是在项目受到挫折的情况下也是如此。

一年后，林美丽仍然做着她的秘书工作，老板对她的评价始终不好不坏。经济环境不好，公司更需要增加业绩，团结一致，史可却除了发牢骚，还是发牢骚。第一轮裁员刚刚开始，史可就接到了解聘信……而桑慧还是那么积极进取，忙碌的身影依然随处可见，她已经从销售员的办公区搬走，被提升为销售经理，新的挑战才刚刚开始。林美丽、史可、桑慧三人，一个面临失业的危险，一个已经被解聘，一个得到了晋升。

这并不是说得到晋升的桑慧比史可、林美丽在智力上更优秀，而是不同的工作态度导致的结果完全不同。尤其是在一些技术含量不高的职位上，大多数人都可以胜任，能为自己的工作表现增加砝码的也就只有工作态度了。许多领导者都有同感，有一些大学毕业生雄心勃勃地想在社会上大干一场，却没有想到领导分配给自己的工作不过是每天沏茶倒水、整理文件，于是他们就开始愤愤不平，觉得领导看不起自己，或者觉得工作太没意思，开始敷衍了事，有的则干脆跳槽。领导者应该引导员工思考这样的问题：领导是看不起你的能力吗？试想一下，如果你连小事情都做不好，那么又怎能做好大事呢？这时，企业的领导者就需要告诉员工，态度就是你区别于其他人，使自己变得重要的一种能力。态度就是竞争力，积极的工作态度始终是你脱颖而出的砝码，拥有它，你将在竞争激烈的职场上走得更顺利。有一句话说：“你要追求工作，别让工作追求你。这样，我们才有可能实现我们追求的目标。”所以，在工作中，我们必须通过自动自发的工作和良好的态度来培养自身的能力，让主动的工作态度成为我们的习惯，让我们在主动的态度中走得更远。

积极主动的工作态度不是学习出来，而是需要责任心的铺垫，需要养成勇于承担责任的习惯。责任心是衡量一个员工能力和业绩的重要标准。一个员工能力再强，如果他不愿意付出，就不能为企业创造价值；一个愿意为企业全身心付出的员工，即使能力稍逊一筹，也能够创造出最大的价值。一个有责任心的员工，无论在何种情况下，对公司安排的任务都不会拖延，而是马上去做、去执行，无论何时他都将工作当成一种机遇，当作一种责任，并时刻做着对结果负责的准备。

3. 培养员工完成任务的能力

许多人在做事之前总会情不自禁想一想做完事后会得到什么，对自己是否有利。如果有利就精心准备，认真完成；如果没有就敷衍了事。这都是功利思想在起作用。其实，承担起责任的人，不一定能马上得到回报，但总会得到应有的回报。领导者应该向员工灌输这样的观念：如果将任务交给你，说明你有一定的能力承担责任，这是一种使命，应该感到骄傲。正如美国总统奥巴马在他的就职演说中所说：“这个时代不是逃避责任，而是要拥抱责任。”责任感是我们在工作中培养高效执行力、战胜诸多困难的精神力量，强烈的责任感甚至可以使我们把原本认为“不可能完成”的任务完成得相当出色。

所谓完成任务的能力就是让员工找到高效执行的方法，即一种执行能力，执行能力是企业竞争力的重要保证。然而，贯彻执行力并非不动脑筋地一味复命，还需要掌握一些方法和对策，带着思考去执行。拿破仑说：“任何出色的战争，都是讲求方法的战争。”同样，任何出色的执行，都是讲求方法的执行，而不是机械地执行任务。机械地执行任务，其后果不亚于不执行。思考力决定执行力，懂得思考的人才能提出革命性的问题，才能打破常规，高效落实。

在执行各种任务的过程中，遇到困难在所难免。这时就要让员工根据实际情况，适当改变思维方式和方法，换一个角度思考，创造性地寻找更好的、更行之有效的解决方法，使工作顺利地开展，把工作真正落到实处。如果不能改变思维，只是重复别人的老路和思路，就不会有创新，更谈不上突破和发展了。

再举个例子，张绮立在公司情报室从事资料收集与整理工作，每天她都熟练地剪报、编辑、粘贴各种资料，其熟练程度令人佩服。表面上看她无比热爱这份工作，可是很少有人知道她心里早已厌倦了这种剪刀加糨糊的单调、重复、枯燥的工作。有一天她终于忍不住冲进总经理办公室，怒气冲冲地说："我不是为干这种剪报纸、刷糨糊的工作才来的！我想做更有意义、更有价值的工作。"总经理说："如果你不喜欢这种工作，我也没有办法。但是，你为什么不想办法使枯燥平淡的工作变得有价值、有趣味呢？"

张绮立没想到总经理会这么说，以前她只知道埋头苦干，从来没想过将工作变得有意义，回到自己的办公室后，张绮立陷入了沉思。几天后，她终于想出了一个绝妙的办法。她想到，可以用丰富的颜色来改变枯燥的"黑白世界"，她首先选用不同颜色的纸制成小册子，每个册子分别粘贴不同的内容。比如，红册子专门粘贴关于金融方面的报道，白册子专门粘贴关于销售利润方面的报道……这样一来，张绮立觉得自己的工作完全变了，每天都处于五彩缤纷的世界之中，工作的氛围变得轻松活泼，日子也不再像以前那么难过了。另外，这样做还有一个好处，只要看看小册子的颜色，就可以明了其中的内容，她觉得自己的工作效率比以前提高了许多，查找资料信息时又快又准。她为自己的发明感到无比骄傲，于是再次找到总经理，向他说明了这一切，建议经理在公司的各个情报部门推广这种方法。总经理看后十分赞同，当场表示：“很有意义，马上实施，我会考虑提拔你做其他事！”

张绮立高兴极了，从此以后，她做什么事都很有信心。这件事对她的影响很大，也为公司其他员工树立了榜样。

思路决定出路，任何出色的执行都是讲究方法的执行，带着思考和智慧去执行，就会发现机遇无处不在。在这个变化多端的世界里，做事“一根筋”的人要想迅速提升执行力，就要学会转变思路，跳出习惯的思维框架，这样一来，原先看似不可思议、复杂难解的问题就迎刃而解了，也会得出异乎寻常的答案。

另外，在落实执行力时不但要有创新思维，还需要一些完成任务的最合适、最有效的方法，从关键问题入手，对症下药。一个有着良好执行力的人会去找方法，从关键问题下手，从实际出发，选择合适的方式和手段去处理，这样才能走出困境，才能集中力量将工作做得更快更好。找到方法帮企业解决问题的人，最容易得到人们的认可。遇到困难，想办法去解决，会给你带来胜利的信心和无比珍贵的经验，而主动找方法解决问题并能找到办法解决问题的人，总是社会的稀有资源。

4. 培养员工时间管理的能力

此外，有效的时间管理能力也决定了工作的效率。著名的管理大师杜拉克曾说过：“如果不能管理时间，便什么也不能管理。”对于企业来说，时间是一种宝贵的资本。卓越员工与普通员工的最大区别就是：他们会绞尽脑汁进行时间管理，用尽量少的时间去完成更多的工作，提高执行效率。没有有效时间管理的人往往会陷于忙碌的恶性循环，每做一件事，就想起十件事没做，导致总感觉每天有没完没了的事要做，而能做完的也就那么几件，这只会增加自己的压力。有效的时间管理才能突破“忙与盲”的迷局，处理事情有计划、有目标，将重要紧急的事情放在首位，并切实按计划去做，这样才能达到事半功倍的效果。

这就是时间管理的重要性，做事前制订合理、有效的执行计划，通过统筹安排妥善管理自己的时间，使每件事都按计划的期限去执行，必将决胜千里。

5. 培养员工创造结果的思维

只有以结果思维引导和控制行为，才能保证执行到位，对结果负责，这是让员工执行到位的基本前提。一个具有强烈使命感的员工在结果心态的驱动下，会竭尽全力利用各种方法取得成果，为企业获取利润，同时他们自己也会得到相应回报。一个不具备结果思维的人可能会不思进取，对待工作是“当一天和尚撞一天钟”，消极懈怠地过日子，最终导致职业生涯的失败。在竞争日益激烈的商场中，企业需要能执行到位、有结果思维的员工，最不需要一个吃白饭的企业“蛀虫”。马云曾经说过一句话：“为过程喝彩，为结果付薪。”在绩效考核时，成果往往拿来作为评价绩效的标准，因为它反映了执行力的有效情况。

执行应该以结果为导向，作为企业领导者，往往需要问自己一个核心问题：“我想要什么样的结果？”明白自己想要的结果再来选择过程，往往可以少走弯路；明确自己所处的位置，就能够发现符合自身的机会；明确自己的方向，可以选择适合自身发展的办法。一个企业能否基业长青，品牌能够维持多久，不是取决于企业有多大，而是取决于企业有多强、执行结果有多大。这就好比一个人真正的强大，是看他的内心是否真正强大，而非他的外表。同样，企业也是如此。

◎ 结果的三个要素：有时间、有价值、可考核

“没有时间点、没有重点、没有价值内容，没有可考核的数据，就不是真正的结果。”

在《拿结果说话》一书中阐释了结果的三大要素：“一个结果要具备三个要素。这三个要素用九个字来代替，即有时间、有价值、可考核。其中最重要的是，完成任何一项结果我们必须有明确的时间节点，而且明确的时间节点要有公开的承诺，才会产生动力。没有时间点、没有重点、没有价值内容，没有可考核的数据，就不是真正的结果！”

顾晓飞去某杂志社应聘编辑，主管人力资源的考官对她的学历、实习经历和业务水平都很满意。然而，考官在面试快要结束的时候，提出了一个意味深长的问题：“我们的杂志社刚刚起步，强调编辑在工作上需一专多能，不知道学文科的你，在操作多媒体图像处理软件上的能力怎么样？”

顾晓飞想，一定是面试对这方面也有要求。如果此时表现出自己不会，肯定会丢掉本来可以获得的机会，她看看面试的办公室，并没有准备电脑。于是果断地说：“我熟悉几种图像处理软件的基本操作，虽然谈不上运用精湛，但是熟练使用是没有问题的。”对方点点头，示意她回去等消息。

回去以后，顾晓飞立即购买了相关的图像处理软件教程，并且开始自学。经过一两周的刻苦练习，终于掌握了基本的操作技能。这时，对方也正式通知她前去上班。带着新掌握的技能，顾晓飞信心十足地走上了工作岗位。

顾晓飞的工作价值并不是体现在随机应变上，而是体现在“撒谎”之后对于自身潜力的开发，对于新技能的刻苦学习。当顾晓飞具备了这样的技能程度时，实际上，她在面试时给出的承诺已经兑现，并且通过时间的检验，让自己有了新的技能，从而使她更有把握地融入到岗位角色中，做出更多出色的结果。

想要让员工具备结果的三个要素，领导者可以教员工们这样做。

1. 承诺法，要求员工承诺自己，完不成相关的工作将接受惩罚

很多学员在离开西点军校以后，对西点的规章制度仍印象深刻。他们认为是西点军校的制度造就了西点的辉煌，认为制度是西点军校整个体系的核心。在西点军校，规章制度的地位的确是举足轻重。

一个人的承诺来自于他的责任感和使命感。罗文中尉能够完成任务，因为他知道自己是一个军人，当他拿到信的时候，他就知道送信成了自己的使命，无论有多困难，他都要毫不犹豫地完成任务，这是一个军人的职责和使命。而我们每个人也都应该清醒地意识到自己的责任并勇敢地承担，唯有如此，我们才对得起自己的良心和所拥有的一切。责任高于一切，成就源于付出，工作就是责任。承担责任就是忠诚的根基。

2. 重点法，对重点环节进行监控

二八法则是一条很奇妙的规律，同黄金分割率一样，它一次次地被自然界和社会学所印证。比如，百分之八十的财富，总是被人群的百分之二十所掌握；百分之二十的客户，总是带来整个企业利润的百分之八十。这条法则反复被事实所证明。那么，对于你的工作，它又有怎样的提示呢？

其实，大到公司的领导者，小到新加入公司的“菜鸟”，他们的工作虽然不同，但都遵守着二八定律——每个人的时间和精力都不是无限的，要想在所有事情

上都做到完美，其实并不可能，更不可能在工作的每个时间段，都保持同样旺盛的精力。因此，只要是工作，都应该学会合理分配时间和精力，重点突破，集中解决。将百分之八十的力量，花在最出彩的百分之二十的任务上，从而成为带动你全面发展的前进力量。

听过不少企业的领导者抱怨说“天天忙”，这句话之后往往还加一句“就是不知道忙什么”。其实，在我看来，这两句话并不矛盾，后面一句恰好是前一句的结果。正因为你不知道自己忙什么，才会导致你越来越忙。

我的建议是，领导者不妨先搞清楚自己需要忙的在哪里，该怎样去忙，重点在哪个领域忙。当你经过仔细的观察，心中有数的时候，才能做到巧妙而合理地分配自己的时间。

现在你该明白，为什么有些人看来并没有太大的压力，业绩却能轻松上升。其实，成功的结果既来自于努力，也来自于不停的灵活观察、深入思考——正如同浮在水面的鸭子，表面上的悠闲自在，来自于水下脚掌不间断的划动。领导者如此，员工做事也是一样。

举个简单的例子，由于原先合作的物流公司出现问题，某公司的货物发生了库存积压的问题。总经理为此焦急不安，他打算临时再找一家物流公司进行合作。忙碌的间隙，他把赵磊叫来说：“小赵，请你把我们能了解到的物流公司的资料调查好交给我。”赵磊看总经理很忙，随便应了一声，什么也没多问。

回到自己办公桌，赵磊开始用心地查找物流公司的相关资料，先是从每个大城市查起，接着查询本省各地分公司的合作对象，最后才查询公司所在地的物流公司资料。总经理早就等不及了，过来一问，才知道赵磊刚刚开始查询本地物流公司的资料。总经理哭笑不得地说：“小赵你怎么问都不问我？现在货物积压在总公司仓库，我当然先要考虑我们这里的物流公司啊。”他无奈地把任务派给了其他人，并对赵磊的工作能力产生了怀疑……

赵磊对总经理的意图理解不清，就应该及时地提出疑问，明确工作目标。盲目的行动，做事没有重点，让他吃到了苦头。同时，赵磊也应该在平时就了解工作的程序和重点，了解领导的工作习惯，否则根本无法准确地做出领导想要的结果。

战争年代，统帅强调“伤其十指，不如断其一指”；商业年代，企业讲究“打造精品，创造品牌”。同样，面对每天的工作，努力完成每天将提交给上级的结果，你应该注重排除干扰因素，紧紧抓住那条最关键的绳索（工作重点），帮助你从无边无际的烦琐事务中挣脱出来，直取问题要害。

缺乏对过程要点的了解，会导致盲目行动。在这种状态下，完成任务和提交结果的热情越高，往往越是有害。面对困难，应该学会全面分析，找到最行之有效的解决办法，经常思考哪些人、哪些因素会成为解决的事务关键，自己又该怎样说服这些人、创造哪些有利条件，在这个过程中，应该清楚自己需要做什么。

环环相扣的思考模式，可以保证你每扇门都用最准确的钥匙打开，从而通过一道道关卡，抵达你想要到达的彼岸。

3. 分解法解决问题

员工在工作中遇到难题是很正常的事，这时领导者就可以教员工通过分解法来一一应对。会分解问题，是员工的基本工作方法之一，也是我们战胜压力的重要法则。把大问题分解成小问题，把大压力分解成小压力。

这就好比编写计算机的软件程序，再强大的软件也要靠一个个微小的部分组合来实现。所以，我们或许很难一次取得巨大的成功，但却可以积累无数个小成功。同理，不管困难有多大多难，被分解后就会迎刃而解。

当员工感到结果遥遥无期时，明智的方法，应该是让员工把工作分解为一个个小步骤，化繁为简，从而保持良好的心态，获得对过程的集中关注力。

◎ 结果的三种假象：态度假象、任务假象、职责假象

“结果”是企业赖以生存的基础，领导层制订的所有决策与规划，只有达到相应的目标，实现预计的结果，才能发挥出决策与计划的效力。

在现实工作中，很多人都认为：对于领导分配的工作，只要尽心尽力去做就可以了，即使没有完成，但是我做了，没有功劳也该有苦劳。其实，这是人们的通病，也是他们对执行力的错误理解。事实上，“完成任务”只是一个过程，而不能算是结果。企业要想发展，必须有结果才行，没有结果企业就不能生存，更别提获得发展。

“结果”是企业赖以生存的基础，领导层制订的所有决策与规划，只有达到相应的目标，实现预计的结果，才能发挥出决策与计划的效力，才能使企业占领市场份额、打败竞争对手。否则，即使再完美、周密的计划，如果不能达到预期的结果，最后也只能沦为“纸上谈兵”，对企业将毫无作用。因此，结果导向的执行，才是真正意义上的执行，只有做出结果，才算是达到了执行的目的。否则，一切都只是表面的假象。

总经理叫助手谭友文去买一个公司培训用书，谭友文匆匆忙忙到第一家书店，被告知：“刚卖完。”之后谭友文来到了第二家书店，营业人员说正在进货，隔几天才能到。最后谭友文满头大汗地来到第三家书店，遗憾的是这家书店也

没有那本书。

谭友文把附近的书店逛了个遍，还是没有买到总经理需要的那本书。忙到中午没有吃饭，谭友文疲惫地回到公司，见到总裁，他说："腿都跑细了，也没买到那本书，明天我再去市里最大的书店看看吧！"

总经理看到谭友文汗流浃背的样子，欲言又止……

买书是谭友文的任务，而买到书才是总经理想要的结果。可以说谭友文有了苦劳，却没有功劳。我们每个人都不能满足于"苦劳"，满足于"我努力了，结果做不到我也没有办法"，我们要知道公司是要靠"结果"来生存的！谭友文付出了汗水，却没能产生"结果"，他的领导也并不会因为他的"苦劳"就对他有所赏识。而事实上，只要谭友文着眼于结果，执着地追求"结果"，绝不会出现这种"费力不讨好"的情况。

企业的生存和发展依赖于员工提供的"结果"，如果员工不能为企业提供"结果"，那么对于企业而言，这位员工就没有丝毫的价值。这里所说的"结果"，是企业员工的劳动结果，也就是他们能够为企业带来的具体利润，而不是他们的劳动过程。因此，对于企业而言，员工创造的利润和功劳是价值，而他们的劳动过程，也就是我们常说的"苦劳"，而不是价值。所以，在结果面前，热情、忠心、踏实肯干都显得苍白无力。

我们再举个例子。李玉筹是一名刚毕业的名牌大学的大学生，他自信开朗、性格外向，而且踏实肯干，在毕业后不久就签了一家外资企业。进公司后，李玉筹整天拿着公文包，西装革履地去上班，而且对于领导分配的任务，他都积极应允并主动去完成。

各方面都很优秀的李玉筹进公司不久，就以自己的个人魅力赢得了公司领导和其他员工的好感。同事们都很羡慕李玉筹，觉得他以后在公司的发展空间还很大，而李玉筹也确实是这么认为的。然而，好景不长，还不到半年时间，李玉筹却被公司高层辞退了。对此，同事们不理解，李玉筹自己更是郁闷透顶。自己到底哪里做得不好了？抱着这个疑问，在离职之前，李玉筹专门来到总经理的办公室，向其询问原因。

总经理对李玉筹说："你的各方面都很优秀，工作积极，而且在公司和其他同事相处得也非常好。但是有一个问题你也许没有注意到，那就是虽然你接任务的时候很积极，而且也在努力做，但是最后的结果却与我们的初衷有很大差别。比如有一次让你跟一个客户洽谈合同的问题，你和客户谈了十几天，也付出很多，但最终却将这笔订单跟丢了。类似的事情还有好几次，我就不一一列举了。公司要的是执行的结果，而不是执行的过程，你的这种办事能力限制了公司的发展，所以不能留你在公司了，很抱歉。"

从这个例子中我们能够看出，企业领导要的"执行"是有结果的执行，如果最终无法得到想要的结果，那么再艰苦的执行过程也没有丝毫意义。因此，没有结果的执行，只是结果的假象而已。

1. 态度不等于结果

企业花钱雇佣员工劳动，但企业实际购买的是员工劳动所得的结果，而不是劳动本身。员工仅仅是劳动没有做出公司需要的结果,这样的劳动就是没有价值的。

所以说，只有每个人提供劳动所得的结果，企业才有钱赚，才能够生存。但一些在职场中徘徊不前的员工却把上班当成了结果，认为上班就能领到工资，这种态度就是他们职场生涯发展的瓶颈。领导者应予以及时纠正。

2. 任务不等于结果

任务实际上是一种假象，当员工自以为执行任务而没有结果的同时，其实是在完成任务。领导者有必要让员工在接受任务的时候要了解最基本的道理：

对结果负责就是对自己的工作价值负责。

企业规模扩大，相应的部门和职位就要增多。这样一来，员工完成任务的程序往往就会把结果掩盖。而员工也就有了开脱责任的借口：我已经尽力了，就算没有功劳也有苦劳啊！

如果想让员工成为一个企业需要的具备执行力的人才，就要让他们记住：执行只有一个主题——结果，而不是简单地完成任务！因为完成任务不等于结果。

3. 职责不等于结果

企业的领导者只有将这种“结果导向”思维灌输给员工，让他们都抱着这样的责任进行工作，才能够将计划顺利实施，达到预期的效果。

我们可以将“执行”进行拆分为两个部分：前一部分是“做”，后一部分是“结果”。前一部分完全是为后面的结果做铺垫，如果无法产出预期的结果，那么即使做得过程再好，再尽力，也只是在浪费时间和资源。

因此，企业的领导者应该教导员工，不仅要在接到命令时迅速行动起来，马上投入到工作中，更要重视这件事情最终将产出怎样的结果。如果这种结果是企业想要的，那么就继续这个过程；如果结果与我们的期望有所偏差，那么就改变过程，直至能够得到想要的结果。

没有结果意识，职责也只不过是纸上谈兵。

二、结果管理——西点人如何保证下属达成结果？

◎ 为员工定义结果而不是过程

没有结果思维就不会有结果导向，没有结果导向过程再美也难以成为一流员工。

我们先来做一道思考题。

为什么有的同事每天忙得团团转，而你却不知道应该做点什么？

为什么你工作起来总是没有效率，不知道如何给出结果？

为什么上级交代给你很多任务，到你手里却迟迟进行不下去，到最后也达不到预期效果？

说到底，是因为你缺乏一种在企业工作所必需的“结果思维”，没有结果思维就不会有结果导向，没有结果导向，过程再完美，也难以成为一流员工。

要知道，企业的产生和发展便是一个强大的结果，但要想使这个结果越来越好，只能由企业中的个人，即员工来协助实现。

任何一个渴望发展并有所作为的员工，或者想要成为一流员工的人，都要牢记一点：员工靠结果赚取高额薪水，而企业靠结果获得高额利润，可以说，二者是“同呼吸、共命运”的，缺少其中任何一方，另一方都无法生存。这期间，不管是团队配合不协调，还是领导者管理不到位，都不足以成为员工不给出结果的理由。

我们之所以在不断地强调结果，是因为企业的生存和发展与执行达成的结果紧密相连。就像我们活着就要吃饭一样，做饭的过程就是执行的过程，这一过程固然重要，但真正能够起到作用的则是最后将饭吃到肚子里，也就是得到最终的结果。所以，企业领导者一定要懂得为员工定义结果而不是过程。

举个例子，在某大型企业任职的赵利亚，工作上奋勇争先，努力拼搏。但是每次交代工作后，总经理都冲着她的背影无奈地摇头，同事们也经常和赵利亚合作一项工作后挠头不已，甚至有的同事眼中会闪现一丝带有深意的狡黠。赵利亚自己也不明白为什么自己努力的结果会造成这种局面。一次，赵利亚情绪将要崩溃了，她趁午休跑到公司附近的公园痛哭不止，这时公司里一位对她有好感的男同事走到了她的面前，问她：“你知道你的工作出现了什么问题吗？”赵利亚止住哭泣委屈地摇了摇头，这位男同事说：“你工作中是努力了，但是每次交待结果总是不能让领导满意，比如有一次做报表，你做了三次，领导最后才勉强通过。我觉得如果你这样单纯地毫无明确目的地努力，今后的工作还是不会有什么起色。”这位男同事的话一下子点醒了赵利亚，她终于清楚自己的问题出在哪了。认识到了自己的问题，赵利亚改进了工作方法，显然总经理看到了这一切，赵利亚本来岌岌可危的职业前景，终于转危为安，并且得到了总经理的好评。

赵利亚工作过程中尽管很努力，但不追求结果，致使她差点丢了饭碗，更不要提工作做到出色了。问题的根源就是结果，企业和领导者要的是结果，不能给企业和领导者一个最直接最有效的结果，做再多工作也是徒劳，只要能给企业和领导者一个创造最大利润的结果，就是一流员工。领导者不仅要自己明白这一点，还要让员工也明白这一道理。

再举个例子，赵梅、林静、王宝刚三人是十年的同窗，三人从初中开始一直到大学毕业，都在同一所学校就读，而且三人的成绩相差不大。更为巧合的是，大学毕业后，三人应聘进入了同一家公司。虽然学历相同、入职时间相同，但是三人的工资薪水却大不相同。赵梅月薪 8000 元，林静月薪 5000 元，而王宝刚的月薪却只有 3000 元。

有一天，他们的大学老师来看望他们，在得知他们薪水之间的差距之后，这位老师非常不解，就去问公司总经理："当初在学校的时候，他们的成绩都差不多，可为什么进入企业后，三人的工资却有这么大的差距？"

总经理听完这位老师的问题，笑着对他说："也许在学校的时候他们的成绩差不多，但那些都是书本上的理论知识，与实际工作并没有太大的关系。在公司里，我们为了公司利益着想，就需要员工的具体行动和结果，因此，公司与学校的要求标准不同，学校是以成绩判断学生的优劣，而企业则是以工作能力来评判员工工作水平的高低。因为他们的在工作中的表现有很大差异，所以他们的薪水自然也就会有所不同。"

总经理说完这番话，看到那位老师并不是很理解，于是接着对他说："这样吧，我现在为他们三人分配同一件工作，咱们来看他们各自的表现，这样对你的理解可能帮助会更大一点。"于是，总经理把三个人同时找来，并对他们说："在城东港口边停泊着一些货船，现在你们去调查一下，询问那些货船上货物的数量、品质和价格，然后详细地记录下来，尽快告诉我。"

两个小时后，他们三个人都回来向总经理汇报调查情况。

王宝刚先做汇报："您说的那个港口有一个我的朋友，我给他打电话问了一下，他答应帮我们进行调查，不过要到明天才能给我结果。不过您放心，我的这个朋友还是很可靠的，我明天一定给您结果。”

接着是林静做汇报，她将船上的货物数量、品质和价格信息都详细地告诉了总经理。林静说得很详细，但只是涉及货物的相关信息。

最后是赵梅的汇报，她先将货物的数量、质量、价格等方面的信息做了陈述，与林静说得几乎完全一样。然后又告诉总经理，她已从总经理助理那里了解到了总经理询问货物信息的目的，于是在得到这些货物的信息之后，又打电话询问了另外两家公司的相关货物的品质和价格信息。

听到三个人对于同一件事情的处理方式和得到不同的结果，那位老师终于恍然大悟，明白了为什么他们的工资会有那么大的差异。

相信通过这个事例，大家也都能够明白了他们之间存在的差异，也更能够明白他们对于企业的价值。三个人中，赵梅是一个拥有“结果导向思维”的员工，她不仅能够明白领导的意图，而且还能够准确执行，并取得相应的结果。这样的员工对企业的贡献很大，他们自然也更容易得到企业领导的认可，同时为自己带来更大的发展空间。

1. 为员工定义结果

这里所说的“结果”，是指一种能够充分分析、解决问题，以强烈的责任心和敬业精神去完成任务，并达到最终目标的思维方式。这种思维方式的特点在于要求执行人员必须要做出结果，而且这种结果能够为企业创造价值。我们已经说过，在结果定义中，完成任务不等于得到结果，好的态度也不意味着能取得好的结果，只有做出有利于企业发展的“结果”，才算是真正好的结果。因此，领导者应该教导员工，只有以这种思维方式为基础，才能成长为一个富有执行力的员工，才能成为企业团队的精英。

企业的发展“结果”是靠每位员工共同完成的，只有所有员工都创造出“结果”，才能构成企业最终的“结果”。因此，领导者应该明白，企业的命运和员工是捆绑在一起的。一方面，由企业为员工提供薪水等物质奖励；另一方面，由员工创造结果来使企业获得发展。所以，员工必须把“完成任务”和“结果”的关系搞清楚，不仅要完成上级分配的任务，更要做出想要的“结果”。

2. 给“结果”不是要员工做出牺牲

领导者还应看到，很多员工在领导面前，为了显示自己做了很多工作，一旦领导质问起工作出现的问题时，总是第一个站出来承认错误，显示自己很负责任。领导者应该让员工明白，这样的献身精神只会让领导认为你是个无能的“庸人”，这只是幼稚的显摆行为，而非因为结果不好而承担责任。

3. 先明确责任再给“结果”

很多领导者觉得，不少员工的确是给了“结果”，但却不是自己想要的“结果”。这些员工总是在做了很多无用功的同时，抱怨领导者挑剔。他们自认为做了自己的本职工作，已经尽力了。但是，他们没有明白，在没有明确领导者想要的“结果”时就盲目给“结果”，对领导者是没有任何意义的。

在企业中，既有思想高深、创意无限的模范员工，也有不问世事埋头苦干的学习型员工。但不管是哪一类员工，最终在发展中有所作为的人都有一个共同点，那就是在执行每一项任务时，始终都能对结果负责。

据一项调查结果显示，越是那些给不出“结果”的员工，也就越缺乏对工作的负责感。最终被企业淘汰的也终将是他们。而那些善于给出“结果”的员工，经过长时间的历练，他们自然而然地会把负责当作一种习惯。这种习惯既是一种思考习惯，也是一种行为习惯。最终这种习惯就会体现在一个员工的职业素养和工作能力上。

可见，只有让员工先学会给“结果”，才会培养出其责任心，员工固有的责任感也才会得到提升。

◎ 不仅要出结果，还要明确工作的意义

企业购买的是员工最后的劳动结果，即真正有价值的成果，而不是劳动过程。

员工为企业不折不扣地取得最终的成果，企业才愿意给予员工一定的工资、奖金及职位和荣誉。其实，这是员工在用自己劳动的创造价值、取得的成果与企业进行交换。企业和员工之间实际上是一种商业交换的关系，本质上就是价值交换、利益交换。员工拿着工作业绩和成果和企业进行价值和交换，且进行的是等价交换。这些价值通常是指企业提供的平台、资源、设备、资金、培训、指导、工资、奖金等。

需要注意的是，企业购买的是最后的劳动结果，应是真正有价值的成果，而不是劳动的过程。只有成果才能创造并体现价值，才能作为交换的资本，要使两者之间达到平衡，一定是等价交换。也就是说，不但要让员工出结果，还要让他们明确工作的意义，给出有价值的最终成果。

1. 让员工出售有意义的结果

首先，应该教导员工，千万不要认为只要上班或者单纯完成任务就可以堂而皇之地领工资，工作本身不能作为交换的筹码，工作的业绩、贡献的价值才可以交换工资。也不要天真地认为自己五分的劳动就能换取十分的报酬，没有哪个企业会做这笔亏本的买卖。

在企业里面有很多这样的员工，他们付出得多但成效甚微，不仅浪费了自己的时间，还消耗了企业的资源。市场只认利润，企业只认成果。正因为企业和员工是商业交换关系，所以员工要想获得工资，得到提升，只能拿出成绩创造价值，就像消费者是绝对不会购买企业员工千辛万苦制造出来却质量不好的产品。

一个企业中有两种类型的员工，即任务型员工（用手工作）和成果型员工（用心工作）。两种员工最大的区别就是接受任务时是否在用心用脑，是否产生了有益的成果。当你进入公司开始工作，就意味着在你人生中的每个工作日都要用结果来交换自己的工资，也要用结果来证明自己的价值。成果怎样，与其他人无关，只在于你是不是一个合格的员工或领导者，在于你是不是真正对企业、对自己有价值！如果你不想一直做一名普通的员工，那么就要努力思考怎样才可以给企业带来更大的收益，而不仅仅是完成自己的眼前任务。

大家都知道一个道理：价值决定价格。价值在经济学上的概念，是指凝结在商品上的无差别的人类劳动，它是商品交换的基础，可以用等价物和货币来衡量。那么运用到企业里就是价值决定报酬，员工的工资待遇是由他创造的价值决定，且企业和员工进行的是等价交换。

2. 向员工解释清楚“为什么报酬与付出不等价”

员工与企业“等价交换”的过程也是一场博弈的过程。员工希望自己劳有所得，不断给企业的领导者算账，提出加薪的申请；企业同时也在掂量雇用的这个员工实际创造的价值是否与公司的付出相符，当两者在主观上达成一致时，这笔买卖才能成交。任何一个企业生存下去唯一的理由就是不断地创造利润，对于企业的员工来说，工作是谋生的手段，创造价值是工作的目的，只有在所有员工创造的价值总和是正数的情况下，企业才能赢利，员工才能获得报酬。千万不要以为做一个“听话”的员工就够了，评价员工的指标归根结底就是他能否为公司创造利润。

有时，一个人的工作报酬与工作中的付出不等价，这也是不少人困惑的地方。事实上，一个人在工作中取得的报酬与其工作中的付出也不可能是完全等价的。当工作报酬低于应得时，有人会产生不平衡心理，于是对工作采取躲避、愈少做愈好的消极态度，以求工作与报酬等价。在现今的社会，仅“物有所值”是不够的，你一定要做到“物超所值”。什么是“物超所值”？就是员工的贡献超过他的报酬。

松下幸之助曾问公司的一名员工：“如果公司付给你 1000 元钱，你应该做多少事情才对？”这个员工回答说：“你给我 1000 元，我就给你做 1000 元的事。”松下说：“如果真是这样的话，公司要开除你，因为给你 1000 元钱，你就做 1000 元的事，公司如果没有利润，正在赔钱，所以公司不会要你，你自然一分薪水也领不到了。”加薪不是很困难的事，如果员工希望加薪 300 元，得先问自己有没有做到相应的贡献，假如你没有做到，又有什么理由要求加薪？这个道理领导者一定要尽早让员工明白：只有帮助企业创造更多有意义的结果（价值），才会得到企业相应的回报。

◎ 既关心结果，又关心达成结果的人

在企业的执行过程中不能缺少执行者，因为他们是参与执行的主体，缺少了他们，即使企业拥有再先进的生产设备，也只是一堆废铁。

在企业的经营管理当中，很多生产因素都是可以确定的，唯独有一个因素是不确定的、最令领导者头痛的，那就是执行者。但是，在企业的执行过程中不能缺少执行者，因为他们是参与执行的主体，缺少了他们，即使企业拥有再先进的生产设备，也只是一堆废铁。因此，要想提升企业的整体执行力，企业领导者既要关心结果，又要关心帮你达成结果的人——执行者。把全体员工团结起来，让他们为了企业的发展目标共同努力奋斗。

要想达到团结员工的目的，就必须打造卓越的执行文化；要想打造卓越的执行文化，就必须以价值观为纽带。每个企业在成立之初，都会确立一定的价值观，用以指导企业的经营信念以及最终的发展目标。企业的这种价值观，是全体员工或绝大多数员工的共同意志的体现，由于受到共同价值观的影响，员工们能够为了实现共同的目标而团结在一起努力奋斗。

当然，企业的价值观只有深入到每一个员工的内心中，才能够促进员工的执行力，起到积极的作用。如果只是停留在口头上，就失去了原本的意义。因此，当企业确定了自己的价值观之后，还要把它转化成所有员工都能够认同的价值观和企业

精神。因此，我们可以这样认为，企业共同的价值观就是企业卓越的执行文化。

由于企业文化是一个以企业的价值观为核心的精神体系，能够充分调动员工的工作积极性和挖掘员工的潜能，所以，企业的价值观就成了企业执行力的引导因素。因此，企业领导者要想提升员工的执行力，就必须先建立起企业的共同价值观。

不同的企业价值观能够使员工产生不同的工作行为。因此，那些具有共同价值观的企业，其生产效率也要远高于那些价值观不成熟的企业。如何培养企业的共同价值观，以及在培养过程中应该注意哪些问题，将成为每个企业领导者将要面对的问题。

我们一起来看一下应该如何让创造结果的企业人拥有共同的价值观。

1. 企业领导者发挥的作用，决定了企业共同价值观打造的成败

对于企业的员工来说，企业领导者就是他们的表率，他们的行为影响着员工的日常工作。因此，只有当企业领导者率先遵从企业的共同价值观时，员工们才有可能信服企业倡导的价值观。相反，如果企业提出的共同价值观，连企业领导者都不去相信，那么员工就更不会去相信了，即使被强迫也不会心甘情愿，那样的结果自然也不会好到哪里去。

所以，企业领导者一定要从自己做起，第一个按照企业共同价值观倡导的那样去执行工作，那样才能在日常工作中将企业的共同价值观逐渐渗透给员工，从而使大家一起为企业的目标共同努力奋斗。

2. 打造员工共同的价值观，需要具体情况具体分析

由于企业的共同价值观是根据企业的不同发展时期和所处的外部环境来打造的，因此，不能以同一种企业价值观束缚住企业前进的脚步．应该做到具体情况具体分析，打造适合企业发展的价值观。

美国通用电气公司为了打造适合企业发展的价值观，曾采用“360度考核法”对员工进行考核，以了解他们对企业价值观的适应程度，进而获取调整企业价值观的方法和策略。这种考核方法主要是挑选工龄较长的员工，向他们询问关于公司价值观的各种问题，包括公司经营理念、发展战略规划、顾客价值等。然后通过分析考核结果，明确员工是否认同公司的价值观。如果员工们对企业目前的价值观有异议，那么就请他们说出自己内心的想法。通过这种考核方式，企业能够让员工们充分了解到自己的价值观与公司提倡的价值观之间的区别，然后通过比对来确认哪种价值观更适合企业与个人的发展，进而做出调整，以适合双方的共同发展。

3. 企业价值观只有得到每位员工的认同，才能成为企业的共同价值观

由于员工是企业发展战略的具体执行者，因此，只有当员工认同企业提出的价值观时，这种价值观才能够在企业中得以实行，并形成共同价值观去激发员工的工作激情，提升他们的执行力。

在打造企业共同的价值观时，需要全体员工的全力配合，这样才能够使领导者与员工进行深入沟通和交流。让员工把自己内心的真实想法表达出来，充分参与到企业共同价值观的打造过程中来，才能够令最终打造的价值观更容易被员工们所接受。企业也可以借此机会对共同价值观进行调整。

4. 打造企业共同价值观应该注意的问题——要对员工一视同仁

企业的共同价值观能够对员工起到两方面的作用：一方面，它能够规范员工的物质利益；另一方面，能够实现员工的社会价值和精神价值。利用企业的公共价值观对员工的行为进行规范时，不能因为他们所处阶层的不同就区别对

待，要做到一视同仁，不忽视任何一个员工，这样才能得到所有员工的认可。

除了上面介绍的三种方法以及一个需要注意的问题之外，要想成功打造企业的共同价值观，企业领导者还要通过对外宣传等方式，来展现企业员工的个人形象、品质修养以及精神风貌。通过向外界宣传企业追求的共同价值观，能够增强员工的企业责任感和归属感，增强他们作为企业员工的自豪感，这样更容易打造企业的执行力文化，从而最大限度地发挥员工的工作积极性，提升他们的执行力。

三、结果思维——西点人的执行标准

◎ 如何做一个持续提供结果的执行者?

无论是个人还是企业的使命或任务，都必须转化为成果，并且持续提供有效的结果。

为了使自己变得更加出色，使团队更加强大，使工作做得完美，使生活过得更好，一定要让结果持续有效地被提供。如何才能做到这一点呢?

首先，领导者应该让员工逐步做到循序渐进、持之以恒，使成果思维成为一种习惯，将把事情做好变为一种快乐。常常让员工回顾自己做过的事情，会对员工的工作提升有帮助，可以从中发现哪些工作是可以做得更好的。很多工作他们付出了 80% 或 90% 的努力，只需要他们再花一点点的努力和精力就可以做到完美，但如果员工的结果思维淡薄了，工作偷懒，认为已经不错了，就会白白错失更好的机会，无法持续提供有效结果。其实，领导者只要稍微花点心思就能达到事半功倍的效果，何乐而不为呢?

当企业的领导者确定了公司的“大成果目标”时，中层领导就必须对其进行有效的分解，把这个目标界定清晰明确，转变为部门或是个人的“成果目标”，并确定完成每一步所需的时间。在任务执行过程中，领导者应该锁定每个员工负责某个“成果目标”的责任，并要求及时汇报、及时修定并给予监督检查。任务结束后对各个“成果目标”进行汇总，成为最终“成昊目标”，再总结、分析与考核。这便是著名的“成果管理”法，它使得组织中的上中下级协商努力、团结合作，共同完成公司最重要的成果。

在超市工作的袁伟英一直认为自己是个非常优秀的员工，完成了自己应该做的事，记录顾客的购物款。于是，袁伟英向总经理提出了升职的要求。没想到总经理竟拒绝了她，理由是她做得还不够好，袁伟英非常生气。一天，袁伟英像往常一样，做完了工作和同事在一旁聊天。正在这时，总经理走了过来，他环顾了周围，示意袁伟英跟他走。袁伟英很纳闷，不知总经理葫芦里卖的什么药。只见总经理一句话都没说，就开始整理那些订出去的商品。然后他又走到食品区清理柜台，将购物车清空。

袁伟英惊讶地看着总经理的举动，过了很久才明白总经理的用意：如果想获得加薪和升迁的机会，你就得永远保持主动做事的精神，哪怕你面对的是多么无聊或是毫无挑战的工作，“主动做事”的精神会让你获得最高的成就。如果你对工作只是尽本分，或是对公司的发展前景和生存危机漠不关心，你就无法争取到最大的利益和进步，充其量只能得到属于你应得的那一部分。当然，这份所得不如你想象的多。

在新经济时代，昔日那种“听命行事”不再是“最优秀的员工”模式，时下领导者欣赏的是那些无须交代，积极主动做事的人。那些不论领导者是否安排任务自己都会主动促成业务的员工，那些交给任务、遇到问题后不会提出任何愚笨、啰嗦问题的员工，那些主动请缨、排除万难、为公司创造巨大业绩的员工，就是时下领导者要找的人。

领导者应该让员工明白这样的道理：一个永远勤奋而且乐于主动工作的人，将会得到领导者甚至每个人的赞许和器重，同时，也会为自己赢得一份重要的财产——自信。他会发现自己的才能可以赢得他人的器重。

1. 持续提供结果的前提是让员工具备结果思维的核心理念

这一理念的内容包括：对企业没有价值的结果，无论做得多么辛苦，都是不值钱的；成果是靠员工提供的，无数个员工的成果构成了企业的成果，员工不提供成果，企业将会死亡；任务不等于成果，努力不等于成果，付出不等于成果，辛苦不等于成果！

长期以来，许多员工受着“谋事在人，成事在天”传统思维的影响，觉得很多事情自己已经尽力做了，如果最后没有达到预期的好的效果，那只能怪外界因素的扑朔迷离和机会的不适宜。总是给自己找各种各样冠冕堂皇的理由和借口，诸如没有足够的时间、没有充足的准备、没有良好的环境体系、没有赏识自己的领导等，殊不知他们只是为完成任务而工作，而非真正用心用脑去享受这个过程并且付诸实践。这样很多事情没有越做越好，反而之前的满腔热情和热血激昂变得越来越平庸。

究其原因，还是在于人的惰性。所谓惰性是指因主观上的原因而无法按照既定目标行动的一种心理状态。有人说惰性是一种本能，充斥着我们工作、学习、生活的方方面面，就像一位隐形杀手无时无刻不在悄然扼杀着我们的工作态度、学习热情、生活质量……人的惰性有时表现在思想上，有时表现在行动上，所以在完成任务时常常想到偷懒，给自己种种存在或是不存在的困难作为借口，比如“我今天实在是太累了，不如休息一下，等到明天再做，反正老板不一定会检查”。他们时常抱着侥幸的心理，每天都得过且过，使得事情没能够达到预期的效果和满意的程度。

领导者一定要注意，懒惰是一种好逸恶劳、不思进取、缺少责任心、缺少时间观念的心理表现。企业里员工们思想上的懒惰表现在：明知道这件事应该今天完成却总期待着能够明日去做。就像《童年》这首歌中写得一样："总是要等到睡觉以后，才知道功课只做了一点点。"而这句歌词，也是大部分"临时抱佛脚"的人的最佳写照。

据调查发现，一个人失败最主要的原因之一就是做事懒惰和拖延。由于懒惰和拖延，人们失去了前进的动力，满足于止步不前、浑浑噩噩地过日子。因为懒惰和拖延，所得到的只能是平庸的结果，而不是好的成果。

有一位老农的农田当中，多年以来横卧着一块大石头。这块石头碰断了老农的好几把犁头，还弄坏了他的农耕机。老农对此无可奈何，巨石成了他种田时挥之不去的心病。一天，在又一把犁头被打坏之后，想起巨石给他带来的无尽麻烦，老农终于下决心弄走巨石，了结这块心病。于是，他找来撬棍伸进巨石底下，却惊讶地发现，石头埋在地里并没有想象中的那么深，稍微使劲就可以把石头撬起来，清出地里。老农脑海里闪过多年被巨石困扰的情景，禁不住一脸的苦笑。

这个故事其实提醒领导者应告诫员工，遇到问题应立即处理，绝不可拖延和懒惰。拖延并不能使问题消失，也不能使解决问题变得容易，只会使问题恶化。拖延不仅会使工作变得平庸，给人带来许多烦恼，而且还会给人造成一定的甚至是巨大的损失。

2. 让员工拒绝借口，养成主动工作的习惯

懒惰和拖延是一对"孪生姐妹"，是员工"取得成果"的两块绊脚石，阻碍企业向成功迈进。那么，有什么方法可以消除工作中的懒惰和拖延习惯？要

想取得完美的结果，最好的途径其实就是让员工形成良好的心态和态度：拒绝任何借口，养成主动工作的习惯。

在企业中，领导者们经常会碰到这样的员工，他们完成不了任务却习惯于花许多时间制造借口，以此来掩饰自己的弱点或者推卸本该负起的责任。比如，有员工抱怨“这项任务太难了，没有人能完成”。应该让员工明白，若任务不难，总裁凭什么还要雇用你呢？你根本没有尽心尽责为这项任务花时间花精力，企业又何必为你支付薪酬在任务执行过程中出现问题导致没有达到预期目标，员工又以“我之前从没有接受过相关培训不懂如何处理”，或“此事我不知情”为理由逃脱责任等。

每个人都有其特定的职责范围，员工的职责是别人所无法代替的。领导者应该教导员工，如果总是为自己寻找借口，你的责任范围势必为他人所取代，最终，离你失去这份工作也就不远了。员工应该为成功找方法，而不是为失败找借口。就像“没有任何借口”是美国西点军校200多年来所奉行的最重要的行为准则，很多公司也将这句话作为企业文化和规范员工的道德标准。

◎ 确立外包思维

那些总是事必躬亲的人，往往不能够任用有贤能的人，从而导致众多贤能者不能够往同一个方向努力，进而也就使组织解散。

外包思维是指“企业把非核心业务交由其他专业公司操作，使整体业务得以顺利完成的思维模式，是实现企业更好运转的一种手段”。换言之，就是说领导者不要什么事都亲力亲为，而是要善于将不重要的（不是非亲自处理不可）事适当授权。

古人云：“自为则不能任贤，不能任贤则群贤皆散。”这句话的意思就是指，那些总是事必躬亲的人，往往不能够任用有贤能的人，从而导致众多贤能者不能够往同一个方向努力，进而也就使组织解散。

在现实的企业管理中，有很多领导者缺乏外包思维，不善于授权，他们总是从早忙到晚，却依旧感觉时间不够用。他们不停地抱怨自己工作太累。其实，归根到底这怨不得别人，只能怨自己不善于对下属授权。

原本交由下属做的工作，领导者却非要亲力亲为，结果只能是自己忙得焦头烂额、身心俱疲，而下属却落得轻松。

不断选拔人才，再对其授权为我所用。

在选拔人才的时候领导者要以能力论英雄，要“选贤任能，惟才是举”。对于一个企业来说，善于选拔人才，让有能力的人去执行重要工作，才能赢得市场。

日本索尼公司的创始人之一、名誉董事长，日本著名企业家盛田昭夫在选拔人才的时候就不以学历和经验选拔人才。他认为一个好的领导要不断地选拔人才，并且让公司的每一位员工都能够“人尽其才”。他的这一用人方式为索尼公司的发展壮大奠定了基础，使得索尼激烈的竞争中始终处于不败之地。

日本男中音歌唱家大贺典雄在学生时期参观东京通信工业（索尼前身）时崭露头角。他针对产品缺陷侃侃而谈，其独到的眼光和专业的知识引起了盛田昭夫的注意。随后盛田昭夫盛情邀请大贺典雄担任索尼公司的兼职顾问。然而，大贺典雄因为要在欧洲参加巡回演出，所以无法到索尼工作。尽管如此，在随后的一些年中，盛田昭夫依旧与大贺典雄保持着亲密的联系，并定期寄工资给大贺典雄，邀请大贺典雄学业有成后到索尼公司工作。

盛田昭夫的热情与真诚打动了大贺典雄。就这样，这位男中音歌唱家弃艺从商，加盟索尼公司。1995 年盛田昭夫在董事会上正式任命大贺典雄为索尼公司董事长兼首席执行官。这一明智而正确的决策，让公司所有股东一致赞同。

通过这个案例，我们可以看到善于选拔人才，并且以能力取人，依岗位论人才是多么的重要。这也正是盛田昭夫管理之道的成功所在。正是他的这种管理方式，调动了员工积极性，同时也为公司挑选了不可多得的优秀人才。也正是因此，索尼公司的领导层与员工齐心协力，帮助索尼走向世界。

授权这个名词，许多领导者都并不陌生，然而，真正做到利用授权方式来管理团队的又乏善可陈。虽然领导者了解授权的重要性，但他们经常因为对下属的担心，或者对自我责任的过分重视而整天扑在工作上，忽略了下属的重要性。更严重的是，下属不仅可以乐得轻松，还导致工作热情下降，效率低下。

要走出这样的困境，带动团队执行力上升，领导者应该从以下几方面进行调整和改变。

1. 避免授权的错误认识

关于授权，如果领导者存在错误认识，就无法真正利用好这样的管理方式。比如，对下属过于不放心，总是担心他们会缺乏认真工作态度或者违背管理决策，用怀疑的态度看待下属的工作过程等。又如，领导者并不懂得什么是真正的授权。于是将事情直接交给下属，或者让下属和自己一起完成，并以为自己已经完成授权。另外，对权力的追求，或者长期工作养成的习惯，都会导致领导者难以真正发现授权的重要意义和作用。

2. 纠正授权的态度

英国证券交易所前主管古迪逊曾经说过：“一个精疲力竭的主管，是最差劲的主管。”团队领导者将所有的权力都集中于自己身上，并不能说明其管理能力有多强，也无法提高其团队执行力，只能证明领导者还不具备良好的授权态度。

比如，领导者应该习惯于自身职位的要求，管理职位虽然也属于服务者，但其服务性质是特殊的，是通过确定战略和提供方法，来完成对团队和下属的贡献，而非取代下属去完成工作。例如，曾经有位很优秀的销售员苏珊，当她因为业绩出色而被提拔为门店店长后，却还是热衷于具体地向某一位客户提供服务，这样的工作方式显然是弄错了自己的工作角色，更谈不上将手中的权力授予其他员工了。

3. 掌握授权的方法

授权的具体方法是多种多样的，但其中有一些原则是必须要遵循的。

（1）对员工授权，应当分工明确。不同的下属应该获得不同的分工，产生重叠的现象将模糊员工的责任感，并导致员工在工作中相互推诿。

（2）对完成工作的方法不应该限定太死。一般情况下，领导者的授权只需要明确结果要求，不应该过多要求员工怎样去按步骤完成。有的领导者像小学教师那样，对员工采取一步一步的要求来进行详细指导，这样，即使工作顺利完成，员工也没有任何得到授权的体验，更不用说他们产生被信任的感受。

（3）公布授权。没有公布的授权几乎不能称之为授权，因为这种形式的授权无法对员工产生促进和激励作用，也体现不出领导者的管理策略和出发点。

（4）领导者在授权之后并非无事可做，进行积极的观察和监督，并做好充分的预备方案防止员工出错等，都可以解决授权中方法不足的问题。

◎ 好结果离不开创新思维

领导者不应该一味地迷信创新，但也不能完全抛弃创新。

在这个竞争激烈、商品同质化的时代，企业如果没有创新，那么将很快被淘汰。用创新意识和方法，打造卓越的结果，并不意味着只能依靠自己的思考和努力。有时候经过细心观察和留意，也可以借鉴同领域或者其他领域的成功做法，并加以适当的改造，去其糟粕，取其精华并最终为我所用。

所谓创新有时也需要借鉴，成功地借鉴他人，首先应当建立在对他人方法的全面了解之上。比如，对方之所以能够成功解决问题，其身处环境背景、预先设定的目标和具体工作的过程，有哪些值得注意的特殊之处？对方通过着力在哪些关键点上，才解决最终的困难问题？其次，还应当对自我有清醒的认识，比如对方的哪些方法可以由我来直接重复，而哪些步骤则需要视具体情况重新调整，哪些过程是由于其特殊的背景造成的，不适合借鉴等。如果对这些问题没有一个清醒的认识和明确的把握，盲目地学习借鉴，只能在具体工作中无功而返。思想的解放程度与观念的更新突破，往往决定了一个国家、一个民族、一个地区的发展和进步水平，同时也是影响着一个企业的发展和壮大关键因素。思想的解放绝不是一个空洞的口号，而是基于当前经济形势下的企业发展观念中的现实情况所提出的。企业如想做大做强，必须要以破立之势挣脱旧有思想的束缚，加强创新以寻求更大的生存与发展空间。

从当今世界发展的趋势以及市场经济变化的需要来看，企业如果想在变幻莫测、创新突变的市场竞争和变化之中掌控好自己前进的方向，就一定要跟上创新变化与发展的步伐，掌握新知识、学习新思想、发展新思维；摒弃各种守旧观念、保守思想与本本主义，誓将发展破立进行到底，努力汲取有利企业发展与革新的新观念、新思想、新方法，运用崭新策略，谋求发展共赢。

1. 想要创新就要树立世界眼光

思想与意识的解放，当务之急就是要站在世界的高度并牢固树立放眼世界的眼光。经济全球化之下的对外开放与紧密合作，是世界经济新一轮发展的显著特征，作为企业领导者，学会将眼界放得更高更远，牢固树立立足世界的发展眼光，就是要重新认识世界在哪里，思考世界经济的整体发展方向是怎么样的，自己的企业处于什么位置，榜样标杆在哪里，在世界经济发展的大潮之中自己的企业正在扮演着什么样的角色，只有明确了以上问题，企业才能最终摒弃和破除一切与现代经济发展相对立的观念和想法。

全球最大的中文搜索引擎百度在线网络技术（北京）有限公司的董事长兼首席执行官李彦宏，绝对可以称得上是中国网络搜索引擎行业敢于第一个吃螃蟹的人。早在 20 世纪 90 年代，中国电脑网络及电子商务行业刚刚起步之时，他就很勇敢地站立在行业迅猛发展的前沿，瞭望到中国市场的广博及其发展的无限可能，从而挣脱原有思想的束缚和局限，进行大胆的尝试与创新，最终在 1999 年底，顶着巨大的压力和风险与好友徐勇先生共同创建了百度在线搜索引擎。创立之初，他们就将自己的发展目标定位于打造中国人自己的搜索引擎，并愿为此目标进行长期坚持不懈的奋斗，最终他的目标和愿望获得了实现。2005 年 8 月 5 日，百度搜索在美国纳斯达克成功上市，成为 2005 年度全球资本市场上最为引人注目的上市公司，由此进入了一个全新的发展阶段。

2. 想要创新就要树立敢闯敢试、敢为人先的思想

企业要发展，务必要打破麻木、懈怠、安于现状以及因循守旧的思考习惯和处事风格，要勇于树立敢闯敢试、敢为人先的创新精神，只有开拓创新才有更加宽阔的发展空间和发展机遇。作为企业领导者，无论是面对企业的各项决策与决断，还是遥看外部环境的风云变幻，都要时刻保持思辨的头脑和创新的意识，这个时代，是竞争的时代，是你追我赶快速奔跑的时代，如果想时刻跑在别人的前面，拿到名列前茅的好成绩或直接拔得头筹，就要从自我做起，树立企业发展的创新意识，树立敢于突破与敢于创新的做事精神，只有打破原有的安于现状和循规蹈矩，才能在竞争日益激烈的行业竞争中脱颖而出。

3. 想要创新还要尊重市场主体，增强服务意识

企业发展的最终要求和结果就是要获得利润。利润从哪里来？来自于对顾客的服务。只有真正尊重市场的主体，维护和服务好广大顾客，才能有效保证利润的源源不断。有了利润，才有更大的创新空间。作为企业领导者，要让客户满意，把为客户服务作为一切工作的开始和未来的方向。在未来的工作中应充分认识到以下几点：第一，我们在做任何事情之前都会明确目标，所以客户服务工作也不例外，只有充分明确客户服务的目标，才能在工作中做到有的放矢，更好地让顾客得到满意并使企业获得收益；第二，要具备强烈的客户服务意识，每一名员工在与客户进行沟通和交流的时候都会存在两个世界，一个是自我的世界，一个是顾客的世界，员工只有从自我世界中走出去，更好地走进顾客的世界，才能真正了解顾客的需要，从而满足顾客的需求；第三要明确产

品和服务的关系，服务作为产品销售中的一项组成部分越来越受到重视与关注，尤其是在同行业竞争激烈，大家都争相靠低价和产品功能取胜的今天，拥有良好的客户服务意识无疑是赶超对手的一项制胜法宝；第四就是在努力做到超越顾客的期望的同时还要学会在与顾客进行交流时控制好自己的情绪，不要让坏情绪影响到你的顾客，否则做你将永远失掉这位顾客以及他身边的潜在客户。

4. 想要创新就要不断否定自己，看到员工的优点

学习的心态首先是认识自己还有不足，但是，这种心态并不是任何人都具备。

很多企业的领导者因为取得过辉煌的成绩，或者企业受到肯定，就感觉自己注定不是凡人，甚至不需要再学习，只需要继续享受自己能力带来的成果。这种心态导致他们永远不会再否定自己哪怕一丝一毫，不承认自己有任何不足，也很少听见他们赞扬别人的优点。

这种心态不仅会导致领导者自身进步的放缓和停止，更会影响一个企业的创新意识的提升。当你躺在过去的成功上不断享受回忆时，他人对自己进行的不断否定和随之而来的不断创新，将会很快全面超越并取代你。

5. 想要创新就要对传统业务模式进行颠覆

业务是企业得以存在和生存的运作方式，关于各项业务开展的方式以及运作的流程也应当随着时代的变化而变化，所以适当针对业务模式进行调整，甚至是颠覆性的创新，才会使业务的完成效率提升一个档次。

第七章

执行战略

——兼顾四大平衡，打造卓越组织

一、人性化与制度化的平衡

◎ 人性化的优势与劣势

只有人性化，才能让员工感觉到自己存在的价值并获得被尊重的感觉。

人性化一词是当今企业都在倡导的理念。因为只有人性化才能让员工感受到被尊重。

人性化有助于团队文化的建设，有助于领导者科学决策、接纳各级员工的合理化建议，促使员工协调有效地工作，有利于领导者激励下属、建立良好的人际关系和组织氛围，提高员工的士气。特别是在危机面前，体现企业的人性化，才能让员工感觉到自己存在的价值并获得被尊重的感觉。

同时员工的工作环境很重要，为员工营造出快乐的、人性化的工作氛围不仅可以提高员工的工作效率、激发潜力，而且能够提高员工对企业的忠诚度。按照马斯洛需求层次理论，满足生理需求、安全需求是基本条件，也是企业人文关怀的基本起点，而满足第四层需求让员工感受到被尊重是领导最容易做到的，也是成本最低的。无论你在企业处于什么样的位置，都应该真诚地对待每一个人，有的时候尊重不只是体现在物质上，只要你真诚地点点头、微微笑、嘘寒问暖，就可以使员工产出一种誓死忠诚捍卫企业的感恩之心。

建立一个完善的人性化制度需要经过一定的时间过程，惠普公司经过将近大半个世纪才形成独特的人性文化。在这一过程中，需要不断地进行分析、归纳、进一步提炼定格。惠普实施的人性化管理方式，如目标管理、走动式管理、开放式管理，都经过长期的反复实践和总结提炼出来，作为现代企业管理经典案例被载入史册，这就是著称于世的“惠普之道”。

美国久负盛名的苹果公司在生产和运营中贯穿始终的理念就是“完美的用户体验”，史蒂夫·乔布斯曾经多次提到崇尚使用者的直观感受是苹果公司的生存命脉。因此，苹果公司不论是手机还是平板电脑、台式电脑甚至是随身听领域都始终关注用户体验，注重人性化的设计和销售理念。从管理学的角度来看，乔布斯所谓的生存命脉以及苹果公司对产品问题上侧重点的注意指的就是人性化的理念。

想要成为优秀的领导者，仅仅有知识和技能是不够的，还需要对员工具备足够的爱心，以至将员工当作自己家人一样看待和培养，才能引导他们向自己希望的方向成长。从这个意义上来说，管理中的人文关怀也是一样的，领导者不仅应该关注技术和方法，同时也要关心员工的生存状态，考量他们获得的尊严，以及工作状态、生活条件是否符合人性。在社会各行各业都在发展的今天，如果领导者没有这种人性化的关怀心态，就很难真正提高自己团队管理的技术手段，无法保证员工将自己的努力同企业的命运紧密连接。

什么是人文关怀？人文关怀的起点就是马斯洛所强调的“将工作者还原成为一个人”。在曾经的企业管理制度下，员工成为了一个个团队运作下的“碎片”，他们负责各自的岗位，发挥着自身的功能。然而，没有人在内心希望自己被当作“碎片”，这是因为按照马斯洛提出的内心需求层次，只有完整的人格才能获取应有的满足感，而成为完整的“人”来工作，并将工作融入到自己完整的生活状态中，则是现代企业中每个员工的内心需要。

1. 以人文关怀为出发点，体现“人”的价值

在很多领导者看来，员工是有价格的，这是他们提供劳动力所必须支付的工资薪酬成本，但作为人的价值，领导者们并没有看到。

我认识的某企业领导者，在部门中很少将员工放到自己实现目标的重要工具上进行认识。我每次听到他介绍新的项目，总是会先谈市场，再谈成本，然后是谈技术以及相关的流程、制度、监督方法等。很少听到他对相关员工进行分析。有一次，我忍不住问道：“员工在这个项目上究竟会起到什么作用？”这位领导想了想说：“这个问题，我好像还没考虑到……”

试想，一位领导者在考虑自己的工作时，是否能够不考虑员工的因素？要知道，优秀的企业领导者能够教出好员工，但优秀的员工也能“锻炼”出好的企业领导者，因为越积极主动思考的员工，越是能激发出领导者的想法并提升工作效率。同样，好的员工固然需要良好的管理技术来培养，但反过来，看重并发挥员工的潜在价值，同样可以起到提升企业效能的作用。对于总裁来说，手中最好的资本就是你的人力资本。

2. 人文关怀表现出了领导者所代表的企业终极目标

我跟踪过不少企业家的想法，毋庸讳言，任何一家企业都是要赚钱的，这些企业家在刚刚成长的初期阶段，无疑是将赚钱放在首位。然而，等到他们的企业达到一定营业规模，获取一定的固定利润时，这些企业家们将会更多关注

企业在社会中的定位和价值所在，从而调整好企业的运营策略，满足企业的社会价值。因此，领导者们应该从了解企业中员工的需要开始，做到用人性关怀来形成企业发展的终极目标。

前几年到各地考察时，我结识了这样一家纺织企业。我相当欣赏这家企业的做法，因为，他们在管理方面具有相当深厚的人文关怀意识。从员工进厂的第一天开始，企业的人事部便会为他们建立各自的个人档案和培训计划，并且由专门的人力资源主管保持跟踪，让每个工人都如同接受“一对一”的职业指导。在这样的管理心态下，各车间的主管也能同样“知人善用”，达到了“招得进、用得上、留得住”的目的。据这家企业的人事部主管说，目前，该企业从基层成长起来的科研人员占员工比例约 10% 左右，而公司的中层和高层干部内，有 90% 是从一线提拔起来的，这种关怀员工的意识，保证了员工的迅速成长，也保证了完整的企业内部造血机制。

不仅如此，这家企业的总经理还告诉我，在企业中，员工每年都会获得免费的体检作为福利，每年的节假日员工还能获得奖励性质的庆祝活动，文体活动更少不了，员工生病住院，公司车辆不仅负责接送，而且高层都会来探望……这些人文关怀的举措，不仅保证了企业内高效的管理，也还保证了企业的快速发展。

在这家企业，我还观察到这样一个局面，即人文关怀倾向越明显，员工对标准化管理制度越是能够给遵循和接受。比如，正因为从人文关怀出发，为新员工配备好不同的辅导员，他们才能更快适应企业的流水线操作，保证在规定时间内完成相应的任务。

这个案例很好地解答了人文关怀是否有利于标准化制度建立的问题。人性化和制度应该是一种互相补充的管理思想，正如所有的机器都需要经常使用润滑剂进行养护和维修一样，企业中的员工在很多方面好比是整个制度中的一个个组成零件，但他们更需要通过人性化的思想，来明确自己的工作价值和意义，发挥必要的主观能动性。如果对于一名愿意承接工作的员工来说，进入到一个标准化的制度中，这样的工作必然是最高效的，远远强于那些通过单调而盲目的管理“技术”而“组织”起来的团队。

管理的确需要冷冰冰的标准化，但领导者同样需要一颗真诚的心去打造团队的人性化。当我们能把爱融化在对员工严格的管理中，用人性化的关怀来润滑标准的制度，用完整的人格定位衡量员工价值，这样的标准化技术管理将会在无形中带给企业更多的提升空间。

◎ 制度化的优势与劣势

制度化是企业规范化道路中的重要一步，走好这一步对于企业的持续壮大具有举足轻重的作用。

曾经听到一个奇怪的理论，说企业与员工是“剥削和被剥削”的关系，这种观点在企业当中普遍存在。那么，到底是谁在剥削谁？有人认为是企业在剥削员工。员工们常常这么算账：企业进了多少货，卖价多少，赚了多少，多少才分给我；我工资这么少，创造了那么多价值，剩下多少价值被企业剥削了。如果照这样算下去，世界上有多少黑心企业，多少黑心总裁？

最为极端的例子就是2010年上半年发生的富士康员工连环自杀事件，一度成为了全社会关注的焦点。同时，还引发人们对员工自杀问题背后的深刻思考。这一个又一个鲜活的生命瞬间消失，一起接一起跳楼事件的发生，也许不乏员工自身存在的问题，但究其深层原因，还是在于富士康企业内部制度存在的问题。企业高强度高负荷的工作是问题出现的关键所在。除了让员工长时间高强度工作、侵占人身自由、拖欠工资外，主管人员动不动就给员工突击检查或者刻意“刁难”，企业对员工关心甚少，种种缺乏人性化的管理（或者说是过于苛刻的制度化管理）使员工长期在紧张压抑的状态下工作，超出员工的最终承受极限，导致矛盾的激化，最终处于弱势群体的员工只能选择以结束自己的生命的方式来解决问题。

确实，这种企业不在少数，人们开始怀疑企业和员工之间到底是什么关系，制约二者关系的企业管理制度究竟是否完善合理。企业管理制度是硬性的，需要员工严格遵守，这体现了企业制度的严谨性。但是，企业的管理制度同时也需要富有弹性。做到合理运用，会促进企业和员工二者的关系，推动二者和谐发展；相反，如果处理运用不当则会激化矛盾，最终两败俱伤。所以，企业想生存发展下去，就要依靠合理的制度。

其实，除了企业要反思如何对待员工，给予员工应有的报酬，有时候员工也应该想想，到底自己给企业带来了多少价值？讲这个问题前，我们先看一个案例。

企业里有个员工叫王林，总经理交给他一项工作，告诉他月底之前必须要完成，王林当时回答得很干脆：“好的，没问题包在我身上。”谁知近期他和爱人吵架，甚至上升到了离婚的份上，以致他每天来到公司总是心事重重、情绪低落，整个人都被家庭的阴云所笼罩，并没有把心思放在总经理交给他的工作上，一天到晚像是丢了魂一样。在这种状态下，工作进展自然缓慢，王林月底没有完成总经理交予的工作。请问这名员工为企业带来了什么，作为企业的领导者年终是不是还要给这位员工开奖金呢?

其实，按照公司的规章制度，没有完成上级交给的任务是不应该开奖金的。但往往出于脸面的缘故，最终还是会给员工开奖金。这样的做法会让员工认为，虽然没有完成工作，没有功劳也有苦劳，公司还是会给我照常发工资。要知道企业是秉着共享和谐的角度才为你支付工资的，别天真地以为公司是心甘情愿，而自己却是占了便宜。不合理的制度会造成员工心理不平衡，这正是制度化的劣势所在。

制度化是企业规范化道路中的重要一步，走好这一步对于企业的持续壮大与盈利具有举足轻重的作用，制度的制定与实施则是对机制的最好体现。企业制度的建设一定要将目标明确放到重要的位置之上，目标明确也是制度建设的基本前提之一。企业的制度建设工作需要明确的目标，主要包括此项制度与流程建设的原因与需求调查，建立的标准和适用范围是怎样的，需要采用何种方法去建立与完善企业的相关制度，制度的实施需要怎样的程度与要求等。

前段时间在一次某市企业联盟的工作讨论会中，我碰巧遇到了一位老友兼某公司的总经理陈总，老朋友见面分外激动与开心，自从上次为该企业做完人才管理方面的培训授课以后，由于个人事务的处理加之工作的繁忙，就几乎没怎么与陈总有过联系与接触。见面寒暄之后，陈总说：“见到您很高兴，但是见到您还是免不了要请教您一些问题啊。”

“谈不上请教，您请讲。”我对陈总说到。

“随着企业规模的不断扩大以及各方面发展的不断深入，目前我公司原有的一些管理与运作方面的制度、流程、章程与准则等机制管理方面的实际内容，已经有些跟不上企业的发展速度了，也就是说这些制度目前已经不太适合于企业的发展了，无论是从公司发展的要求出发还是从员工履行与参照的角度出发，这些流程都亟待进行更新与修改，您能否提点建议和参考意见呢？”

听过陈总的话，在充分的思考与斟酌之后，我说："您的这个想法非常好，我本人举双手赞成并表示支持，这几年贵企业的发展业内人士有目共睹，也充分得到了市场的检验与消费者的认可，但是从内部管理来说，机制制度的确需要随着时代的变化而变化。对于制度建设的相关工作，第一步也是最重要的一步即为明确制定的目标，只有明确了制定的目标，才能更好地在员工中加以实施和贯彻，最终起到重要的影响，有效发挥制度的作用，推动企业的发展。"

陈总听后笑着说到道："您说得太对了，我先做一个全公司范围内的问卷调查，了解下员工的需求和想法，明确各项制度制定的目标和方向，然后再开始着手制定工作。"

1. 建立制度要充分考虑制定的原因

任何一项制度的建立都存在一个建立的动因即某种需求，为什么要建立这项制度是每一位制度建立者，也就是企业领导者所需要考虑的问题。制度的需求与建立意味着企业规模的扩大与发展的迫切需要，制度的原因很好地迎合了这种发展的需要。例如，某公司随着规模的扩大和人员的增加，更多的培训人员加入与扩充，亟待需要培训工作，因此公司成立了一个编外培训师队伍，为了加强对编外培训人员的有效管理，发挥其最大的培训作用与效果，公司为此还建立了企业编外培训师管理办法与工作章程，那么这就是此项制度建立的原因。

2. 建立制度应充分考虑适用的范围

在制度建立之前还要充分考虑与明确适用的范围，以便员工可以对号入座，更好地履行工作地职责。例如 A 制度适用于公司所有员工；B 制度适用于公司所有主管级员工；C 制度适用于公司所有经理级员工；D 制度适用于公司所有总监级员工；等等。不同的制度内容适用的范围不同，所起的效果和带来的作用也是不同的。

3. 建立制度要充分考虑执行的效果

考虑问题一定要面面俱到，在执行的过程中才会有备无患。每一项制度的制定都需要考虑到制定的目的和原因、实施过程中的效果和可能出现的问题以及实施后所带来的变化等。对执行效果的思考与斟酌不仅有利于对制度的改进，同时也有利于对公司方针策略的调整。最后对执行效果的思考还要充分关注并参考员工的体验与想法，即员工是否真正接受此项制度，接受的程度如何，带来的效果怎样，员工有何意见和建议，对于制度的建设还需要做哪些改进和完善等。

◎ 从IBM看制度的建设

对于企业来说，规章制度也是一种资源，如果能够充分、合理地利用这种资源，那么对于提高员工的执行力、提升企业业绩将会是一种极大的助力。

中国有句古话，“无规矩，不成方圆”，也就是说，如果人类社会缺乏规则与制度的约束，那么人们将陷入混乱之中。同样，在企业管理中，合理的规章制度也能够起到管理员工、约束员工、激励员工的作用，并给企业带来更多的经济效益。所以，对于企业来说，规章制度也是一种资源，如果能够充分、合理地利用这种资源，那么对于提高员工的执行力、提升企业业绩将会是一种极大的助力。

1911 年创立于美国纽约的 IBM 公司（国际商业机器公司），是全世界最大的信息技术和服务公司。最初成立时，该公司的主要业务是制造商用打字机。随后，凭借其独有的信息技术，IBM 公司将目光投向计算机制造和服务行业。

在计算机制造行业大捞一笔后，随着其他计算机制造公司雨后春笋般的崛起，IBM 公司的领导层决定将业务转向信息技术服务行业。

如今，IBM 公司已经成为全世界最大的依靠信息服务赚钱的企业。

IBM 公司获得成功的整个过程，就是一个不断完善自己企业的制度，并将其正确运用到市场竞争中的过程。这个过程不仅需要相关的政策支持，更为重要的是，企业的领导者那种超强的组织能力及兼顾制度与人情的能力。

可见，制度是企业领导者出奇制胜的有力法宝和秘密武器，为什么这样说？因为良好的企业制度与准确的各项流程是企业赖以生存和发展的体制基础，是企业各个机构构成的绝对标准与准则；是企业全体成员的行动规范，是企业快速发展的活力源泉；更是企业有序化、规范化发展与运行的坚实框架和有力保证。

制度在制定梳理的过程中务必要保证流程的准确性与可行性，一个不具备可行性与准确性的制度规章是无法真正在企业当中予以实施，更无法获得预期效果的。如果要保证制度流程的准确，首先，就要确保制度的严密，即一个准确的制度在正式出台之前需要考虑到各种可能出现的情况与因素，要保证文句的流程、措辞的严密，最终达到无懈可击。其次，准确地制定就需要具备可行性与可操作性，即要针对企业的实际情况与发展实际，从而科学、完整地加以实施。再次，要公平公正，毫无偏袒。对实行范围内的所有人都要进行有力约束。最后，准确性还表现在制度的时效性，要具备充分的可行性，避免出现骑虎难下的尴尬局面。

最近，明达公司新成立了一个部门，叫作企业管理部，其主要工作职责就是制定有利于公司发展的各相关部门的制度与流程。在我的建议下，公司决定要求企管部制定一套馈赠物品及关系人员报备的制度。

该制度制定的依据就是随着企业规模与业务网络的逐步扩大，很多业务关系公司及关系人会赠送给该公司员工一些礼物或物品，为了公司的利益，对于这些物品要按照相关要求报备给公司。关系人是指该公司员工的配偶、亲戚、朋友等在本公司或同行业的竞企单位工作，此种情况也需要报备给公司。在该制度制定的过程中，制度要想保证有力实施与流程准确，就要考虑到公司的实际情况，比如公司的业务性质一般赠送礼物的情况是否频率较高，赠送礼物之间的人员级别一般是怎样的，赠送的礼物一般都是什么且在什么价格之间，是否都有必要报备、报备的价格区间是怎样安排和划分的。对于关系人的报备，首先要了解目前公司存在哪些竞争企业，以便使制定人做到心中有数、考虑周全；其次是否对我司都存在一定的竞争和危机，什么样的关系是必须报备的，而什么样的关系影响不大，可以不用报备，如果发现没有及时报备的情况该如何处理，处罚的标准是怎样的，等等，都是确保流程准确需要考虑的方面。

那么为了确保制度流程的准确性，到底需要在哪些方面引起企业领导者的高度重视呢?

1. 以企业发展的事实情况为依据

企业领导者在管理企业的过程当中，所做出的任何决定、所建立的任何制度流程都必须基于企业的实际发展情况与发展需要，只有参照企业实际后所制定出的规章制度才有实施和执行的价值，否则如同废纸；如果脱离企业发展的实际，只图书面上空泛的罗列和生搬硬套，或是一种虚假的完整与伪科学，到头来无法真正地予以贯彻实施，反而成为企业的负担与员工的笑柄，落得个“竹篮打水一场空”结果。

2. 制度要符合事物发展的客观规律

在马克思主义客观规律与主观能动性的关系理论中，客观规律是必须要摆在第一位置的，主观能动性摆在第二位置上，客观规律始终制约着主观能动性的发展和变化，而主观能动性的变化也必须以尊重客观规律的发挥以及客观发展实际为基本前提，否则必将在实践的检验当中落得个失败的结果。世界上万事万物的发展和变化都存在一定的客观规律，且必须按照客观规律办事才能达到预期的效果和目的，流程的制定也同样要符合事物客观发展的规律。

3. 制度要严密准确，有利于操作与实施

制度的制定还有一点是必须要加以注意的，那就是制定过程的严密准确以及实施过程中的可操作性和可实施性。一个无法在实际工作中达到良好贯彻与实施的制度是不会起到任何效果的，也是无法存活和立足的。所以制度在制定的过程中一定要适当地征询员工的想法和意见，避免闭门造车、生搬硬套；或者在制定好某一小节内容之后，可以在小范围的员工当中进行前期的实验与论证，从而从实践中获得改进的方法和灵感，再不断地加以完善和补充。如此必将制定出合理且有利于实施的企业制度。

◎ 从IBM转型看制度实施和精准化

郭士纳在“救火”事件中坚定了自己的原则，打破了旧有制度，才使IBM成功转型，也使他成为全球最受瞩目的企业领袖之一。

IBM前任董事长郭士纳就是一个勇于承担重担，敢于面对苦难的领导者，他于1993年4月接任IBM董事长兼CEO一职，受命于危难之际以弥补其前任给IBM留下的空前的亏损记录，正是凭着他以务实的态度，果断裁员45万人，彻底地摧毁了旧有的制度模式，降低了成本，并重振大型机业务，拓展服务业范围，IBM才有了今天如此辉煌的业绩。

他在自传《谁说大象不能跳舞》中有这样一段自述：“我总习惯于接受挑战。IBM的那个职位是一个令人羡慕甚至是有点害怕的职位，但同时也是一个吸引人的职位。”也正是由于郭士纳在此次“救火”事件中坚定了自己的原则，打破了旧有制度，才使IBM成功转型，也使他成为全球最受瞩目的企业领袖之一。

一个公司的制度可以有很多，但关键是制度成功制定之后，就要坚持不懈地实施和贯彻。制度建立的主要作用无非是规范员工行为、梳理整合公司标准、促进规范化流程制度化的发展，从而确保企业的各项日常工作有法可依、有章可循，而对员工整体的激励和影响作用则是制度实施的最终需求。

制定制度就是要有的放矢，让制度充分在员工身上发挥它的强化效用，使员工在按照制度进行执行后，对于工作可以精准达到制度建立者的最终想法和要求，从而有效推动公司的制度深化。

新叶公司制定了一整套办公室员工的行为规范、卫生保持守则以及礼仪礼貌、工装要求及电脑等办公设备的使用制度等系列规章制度，为了使其制度得到有效执行，在制度的制定筹划与具体制定的过程中，企业领导者与制定部门的员工进行了充分的沟通，多方面地获取材料并加以认真细致的整理和完善，最终得以正式应用于公司的日常管理当中。实施了一段时间以后，企业认为效果非常好，相关负责人非常高兴地向我说起："虽然制度的编制过程是辛苦和枯燥的，但是具体的实施效果还是非常让人满意的。例如，员工的办公室卫生保持方面，员工了解了公司对于这方面的明确要求，于是便按照要求进行整理和保持，比如办公桌上只可摆放电脑、书以及水杯、计算器等物品，其他私人物品绝对不可以出现在办公桌上，同时桌椅和相关办公设备要经常擦拭，保持干净卫生，每周五下班前将进行检查，表现好的会给予全公司表扬，表现差的将进行全公司批评，正是有了这些明确的规定，才对许多员工产生了激励的作用，从而不断地要求与强化自我，效果也越来越好。"

"又如在着装方面的要求，在上班时间哪些服装可以穿哪些服装不可以穿，标准是什么，遵守的要求是什么，如果触犯将会受到什么样的惩罚等，都在制度中记录得非常清晰。有了标准，员工们才能更好地参照与执行，现在公司在这方面确实是有了很多的变化，制度的实施如果都能精准到这样的效果，那公司的全面发展与持续盈利将会更早地到来，员工也将获得更大的发展和历练。"

如何才能确保制度的有效实施，使制度精准化呢？

1. 对制度的实施进行充分的宣传与引导

制度制定完成并予以公布实施以后，并不代表企业领导者与制度制定者可以高枕无忧了，因为制度只有真正予以实施和推行，才能在实施中收获成效，否则制度只能是变成纸上谈兵或毫无意义的企业摆设。

制度在推行实施的过程中，作为制度的推行者要在企业总裁与其他高管的支持与协助下，对制度进行全面系统的逐级宣导与贯彻，充分引导员工全面系统地对制度加以学习和领会；为了避免贯彻过程中可能产生的抽象和枯燥，学习的形式可以是丰富多样的。例如，员工培训、拓展训练、互动参与、范例讲授以及形象故事等，最大限度地对员工的日常工作产生影响，使其渗透到员工工作的各个环节，达到牢记心间、灵活运用并遵照执行。同时制定者要在制度贯彻的整个过程中对员工的掌握程度给予充分的关注和引导，随时把握员工的掌握情况，定期进行考核以帮助员工巩固。

2. 对实施的对象进行跟踪的监督与检查

制度的制定、贯彻与考核是三个相辅相成、互相影响的环节，缺一不可。没有很好的跟进监督与考核流程是对企业和员工的不负责任。所以为了保证制度的有效实施，各级领导需要制定严格统一且适合企业自身情况的监督检查机制，将检查工作变为一种固定，并长期执行。

3. 在制度实施的过程中做出调整与变化

要想达到激励精准的最终目的，就要将各项制度放到实际工作中去检验、学习和运用。制度要想获得良好的实施，必须放到实际的应用对象中去进行实际的运用。但是在实际应用过程中，总会出现这样那样的问题和矛盾，这十分正常，表明理论与实际的融合过程需要长期不断的摩擦与碰撞才会最终得出适用于员工并得到他们充分认可的机制与制度。

二、授权与监督的平衡

◎ 监督的意义与原则

监督是授权工作的“判官”。

即便领导者已经完成了一系列工作，并不代表员工的工作便会开展得一帆风顺，能够持续向上地为公司创造价值。对员工的说教与跟进是长期性的，需要体现在日常工作中的点滴环节，所以作为企业领导者展示说教力量的第二步，便是在日常工作中，对员工进行全面系统的监督。

企业领导者对员工的监督体现在工作中的各个方面，包括实际工作内容、业务范围、人际关系的处理以及心理的疏导等。岗中的有效监督不仅能够帮助员工更好地开展工作、检醒工作中的各项方法与技巧、全面提升工作的执行力、提高工作的完成效率、降低出错率，还能提高领导在员工心中的光辉形象与榜样作用，拉近领导与员工之间的距离，加强沟通的顺畅。

新华公司即将大跨度全面上市，关于上市工作的各项准备工作与沟通洽谈事宜等正在如火如荼地开展和进行中，公司内部目前也组成了一个以董事会秘书为中心的专门负责上市运作的部门，作为企业总裁的叶华林先生也一直在关注和跟进所有上市工作的安排和进展情况。

公司即将组织召开以各位融资企业为主要参会成员的第二次董事会会议，关于董事会的各项筹备组织工作叶总也是全程给予督促和指导，以帮助大家解决问题，提升工作效率。包括董事会召开的时间、地点与参会人员的沟通和确定、会场的布置、茶点饮料与礼物的准备、照相与录像人员的安排与确定、各项会议文件资料的撰写与复印准备、会议服务人员的统一要求与培训、会前会后人员的接送与住宿就餐的安排、会议的议程、发言人员的商定等等事无巨细，叶总都要给予必要的参与和支持，以保证会议的顺利召开与圆满结束。在会议准备过程中经常会碰到一些不容易解决和处理的问题，叶总也总是安抚大家的情绪，然后与各位共同商议解决的办法，教会员工变通地思考问题，掌握问题解决的办法，最后与员工共同解决问题，打破阻碍。个别员工由于工作的压力以及进度要求的紧迫等原因会产生一些焦躁的情绪，或者对工作存在自己的看法和意见，作为企业领导者要善于观察员工的内心并洞察其真实的想法，认真倾听员工内心的所思所想，并给予充分的理解和关心，尽自己最大努力帮助员工走出心理的障碍与阴影，重新树立工作的信心。

最终董事会顺利召开并圆满地解决了公司上市的相关问题，提高了上市的可能性并有效缩短了上市所需的时间等问题，叶总也在会后对所有参与工作的员工给予表扬，并鼓励大家再接再厉，在以后的工作中创造更加优异的成绩。

1. 对员工各项工作的开展与完成情况进行必要的监督

企业领导者应当在日常工作中对员工各项工作的开展与完成情况进行必要的督促与指导，以帮助员工更好地掌握工作的进度与节奏、形成多角度的工作思维并拓展思考空间、帮助员工与客户或消费者做好工作的对接和沟通，掌握更加优化的工作方法和操作技能。同时对员工的工作热情、工作开展的积极性与执行力进行必要的督促，以便全面提升工作效率，圆满完成各项工作。

2. 帮助员工分析与解决工作中碰到的相关难题与阻碍

员工在工作中难免会遇到这样那样的问题和阻碍，作为企业领导首先要教会员工解决问题的方法和途径，帮助并鼓励员工学会面对挫折的信心和勇气，即所谓“授之鱼不如授之以渔”，直接告诉员工问题的答案不如告诉员工解决问题的思路和方法，在以后的工作中若再碰到类似问题，员工也能够依靠自己的力量给予解决。当面对员工能力范围内无法解决的问题时，企业领导者要及时地帮助员工沟通和解决问题，扫清工作开展道路上的各项阻碍，积极有效地发挥监督作用。

3. 对员工心理情绪的走向以及工作意见给予认真倾听

员工作为独立的工作个体，在面对工作的时候也会以自己的思维对内容加以分析和处理，所以当自己的意见和想法不被团队中的多数成员所认可，甚至不被直接上级所认可的时候，心中难免会产生某种失落感，甚至自暴自弃，从而直接导致工作质量的下降、工作效率的降低以及团队成员之间的不融洽等问题。作为企业领导要善于观察员工在工作中所表现出来的情绪和意见，并加以努力的沟通和倾听，倾听有时是对员工最大的尊重和理解，所以要对这项处理问题的工具进行充分的运用，以发挥其应有的作用。当企业领导者对员工的意见和想法有了充分的了解和认知以后，要加以分析，如果是正确的或者是有利于工作开展和执行的，应当给予表扬和鼓励，并在整个团队中加以贯彻；如果背离了问题的实质或者不符合工作的要求和进度的提升，也不可直截了当地对员工进行否定，而是要考虑到员工的情绪，婉转地向员工进行说明和解释，相信会得到圆满的结果。

◎ 工作检查的三个原则

工作检查是为了“去其糟粕、取其精华”。

企业领导者想要全面监督，最后一步也同样非常重要，那就是检查跟进工作。

检查通常是指为了使某一方面的工作变得更加优秀而“去其糟粕、取其精华”，即舍弃或去除多余的部分和不重要的部分，从而使工作或任务开展得更加出色。同时检查也是一种在工作收尾和完成阶段的自我审查与检醒，对工作中进行和开展过的每一步进行思考和检查，查找出现的问题或者哪一步可以做得更加出色和到位，哪些问题可以考虑得更加周全和完善，团队中的每一名成员还需进行哪些方面的提升与修炼等。

赵玉琪是一家室内装饰装潢设计公司的总经理，在多次的培训合作中我们已经建立了非常好的工作关系与朋友情谊，对于赵总的工作方法与处世哲学我也有了更多的了解和体会，同时也希望和各位共同分享和学习。

赵总在工作中无论是要求自己还是各位高管人员，在他的头脑中对各个环节的要求都颇为严格和精细，只有精益求精和做得更好，没有差不多和一般尚可之类模糊的要求与标准。在公司里面，赵总的一言一行以及对工作的执着和求真已经成为了员工学习和提升自我的榜样，尤其是对工作的精细要求与检查处理方面让员工们收获颇多，同时更加深了对赵总的钦佩和尊敬。

前段时间，公司为某著名的五星级酒店进行了大堂、会议室及接待厅的重新规划设计与装潢装饰工作。历时近半年，工作完成后，赵总特意召集了负责此项任务的团队成员进行了一次工作总结会议。会上赵总对工作中曾出现的各种问题和细节化的矛盾进行了逐一的总结与数理，分别分析了出现的原因，造成的后果以及在以后的工作中如何更好地加以避免和规避。同时，团队中的每个成员都要对所承担的工作任务进行总结和和数理，总结自己做得比较好的一面以及需要继续锻炼和提升的一面等。同时还对未来的工作提出了新的要求与期待，期望大家在以后类似的工作中采用更为积极有效的方法和合作态度，这样工作便会开展得更好，客户也会更加满意我们的创意与设计。最后，对团队此次任务的整体完成情况进行了评分，激励大家继续努力，以创造更为辉煌的业绩。

赵总对工作精益求精的态度以及对员工榜样的树立，不仅让员工们从中获得了切切实实的需要和帮助，也让他们从工作收获了思考与体悟。

1. 检查就是要对工作中出现的问题和教训进行总结和梳理

一项工作完成以后，并不代表真正的结束或是可以立即开展下一项工作，因为员工是否拥有好的工作习惯以及企业领导者榜样力量的充分彰显，还体现在一个很重要的方面，即要对完成的工作进行进一步检查，要对工作中出现的问题和教训进行全面系统的总结与梳理。

事后的进一步检查就是要对每一项已经完成提报的工作内容进行重新的剖析与梳理，从中找寻各方面的问题以及能够提升的方面。例如，哪些问题和错误是不应该发生的，发生之后采取了什么应对的措施与方法；哪些环节是应该对接的并使对接的工作更加协调顺畅，以后应该如何做好；哪些问题是由于员工的疏忽造成的；哪些问题是由于客户资料提供的不足和差异所造成的；等等。这些都属于检查的范畴，作为企业领导者一定要加以重视，并带领骨干力量进行认真的研讨和分析。

2. 检查就是要思考如何在以后的工作中加以不断改进与提升

创新使人进步，创新使国家乃至企业得以快速的发展，所以工作中我们要学会进一步思考与创新，思考如何在以后的工作中加以不断的改进与提升，从而使各项工作开展得更加完美，结果更加符合客户的要求及发展的需要，更加有利于自我成长与进步的充分实现。

事后的进一步检查还要通过工作和任务取得的经验对今后的同类工作进行认真的回顾与思考，从而加以提升、不断完善并力求卓越。这一类检查要求突出的是从同类工作所引出的迁移观点，即由某项工作引出的对同类工作或其他工作的整体思考和探究，例如：如何怎样能够在以后的工作中突破此种形式与模式；如何进行更加适合的创新与立意；如何让客户对我们的方案和效果达到百分之二百的满意与认可；如何学会超出顾客的期望；等等。

3. 检查就是要对团队的整体工作效果进行有效的评估与检查

每一次工作完成以后，执行的团队都要召开工作完成效果评估会议，即对此次工作的整体完成情况以及团队工作的执行能力进行多角度多方面的评估与检查，每一名团队成员都可以畅所欲言，充分阐述自己的观点以及对此次工作完成效果的意见与建议，团队领导以及企业领导者在充分听取员工想法的基础之上再融合自己的总结与见地，吸取经验总结教训，为下一次更好地完成工作任务提供必要的参考和保障。

进一步提升团队的合作效果与作战能力，引领和指导员工达到更高层次的思考与实践是每一位企业领导者希望得到的结果，所以工作检查的另一个结果就是对团队及团队成员整体工作效果进行有效的评估与检查。

◎ 授权的步骤和误区

“授权”并不是放任自流不管不问，也不是将所有的责任“均摊”到每个人的头上，而是领导要起到纽带的作用。

不管我们现在处于什么样的位置，我们都或者是曾经被领导过，我们也有评论一个领导“好”与“不好”的时候，其实现在想想，当初所谓的“好”也就是自己心甘情愿地跟着他干，不管能挣多少钱，也不管是多么辛苦。当我们频繁跳槽的时候，往往是因为你所跟的领导不能给你一个方向性的东西，你跟着他觉得迷茫，觉得没有希望。

作为领导往往有这样的困惑，觉得自己为团队付出太多的心血，事无巨细都亲自过问，哪怕是要给团队买一批文件夹也要亲自上阵，生怕因为某些问题处理不当而引起某些不利于团队发展的因素出现，但是这样的领导往往是最累的，也是最得不到理解的，最终的结果往往是团队中的某些人会悄然地离开。这样的领导不是不好也不是不爱自己的团队，只是在选择的时候没有考虑到别人的感受与想法。

细想一下，自己为什么能够留在这个团队里，为什么能够如此开心？最重要的原因就是自己在做自己喜欢并且能够实现自己理想的事情。不管是自己还是其他人，每个人都有自己的梦想，每个人都会为之梦想奋不顾身。他们对自己的职涯都是有一定规划的，他们有自己的理想与抱负，有自己想追求的目标，当一个团队集合了很多这样的聪明人的时候，如果你想让每个人按照你既定好的路线去发展，限定他们发展的方向与方式，让他们做顺时的齿轮，那么可能员工中很大一部分会选择离开这个团队。

我们的团队为什么留不住人？

在很多团队中，存在这样的一种现象，那就是由企业的领导者“独揽大权”，他们习惯去指使自己的队员做某项任务，以自己的经验告诉自己的队员“应该怎么做”，觉得那是为队员好，队员听从领导的指示理所应当，一心觉得自己这样做是靠自己的经验来给队员“指条捷径”，而工作完成往往也是“独揽成果”。这样做会造成队员很重的心理负担。从对于团队队员而言，那也是一种不信任的表现，不信任自己的能力和自己的思想，不信任自己为这个团队做事的那份心，在做任何一项事情的时候，都要请示领导的意见，自己的创意想法得不到实现，慢慢地就会养成是在“给领导”做事的惯性思维，做好了功劳是领导的，跟自己没关系；做得不好，责任却是自己的。试想这样的队员在做任何一项任务的时候的心理是什么样的呢？当然，你的队员就会自己把自己“择出来”，因为你的“独揽成果”与不信任，造成你的队员不管做什么，都觉得不是在完成自己的事业，也不是在实现自己的理想，工作做得好与不好、完成与否都是领导的事，与自己无关。这样就造成工作中的相互推让，责任相互推诿，执行不到位或是根本就是不执行，试问这样的团队是你想看到的吗？

站在一个领导者的立场上，凡事都要自己过问还要时刻为自己的队员做“心理辅导”，使得自己本身很大的压力无处宣泄，就难免产生没有人与自己并肩作战的孤单感，时刻疲惫。古语云“不可日日防贼”，这句形容用在这里可能不一定合适，但是道理却是很明白的。因为每个人都有自己的思想，你不可能时刻知道别人在想什么，所以你不能像“防贼”一样时刻提防你队员的任何异常反应，你要费尽心思去注意队员的心理变化，以做到“防患于未然”，将自己与队员隔离在两个世界里，完成任何一项任务，协作也就无从谈起，当队员不在信任你的时候，也就是你团队最涣散的时候。

这些都是命令引发的一系列的信任危机，那么既然知道根源，如何才能改变现状呢？

那就是将你现有的“命令”改变为“授权”。

“授权”并不是放任自流不管不问，也不是将所有的责任“均摊”到每个人的头上，而是领导要起到纽带的作用，去协调自己与团队、队员与团队、团队与外界的关系，给自己的队员一个宽松的发展环境，所以授权的真正意义在于以下几点：

1. 建立一个互信的集合体

给队员足够的发展空间和展现的平台。你要相信自己队员的能力与思想，你要在不违背大原则的前提下，让你的队员按照自己的思维去做事，“条条大路通罗马”，说不准队员的某些思维方式与方法就能让你的团队找到更好的捷径，好的方法从来都需要不断尝试与试验，你要给你队员这样的机会，因为这样做不仅能够减轻自己的压力，还能让队员找到信任感，觉得自己在做的任何一件事都和团队息息相关，这件事的成败会直接和自己关联。在这样一个宽松的环境下，自己也可以有机会去实现理想，也有空间去扩散自己的思维，即使不成功也能从中学到很多的东西。自然而然把自己融入到集体之中，在完成任何一项任务的时候，自然也就尽心尽力，全身心地投入进去，就能把执行落到实处。

给自己的团队制订规划，并且征求每个队员的意见与建议，把经过大家讨论的目标定为团队的最终目标，充分尊重队员的意见。作为一个领导者，要协调你的团队去制订整体的规划，根据实际情况与队员做深入的讨论，制订一个团队共同接受的目标，并根据每个人的特长，将责任细化到每个人，使其各司其职完成各自的任务。这样，每个人都在集体的任务中充当着各自的角色，自己的价值自然也就能得到体现，心理的满足感会让每个队员愿意为这样的一个集体去做任何事，在执行任何一项任务的时候，执行的问题就不再是问题了。

2. 听取队员的意见

一个团队的稳固与否，关键是要看沟通的到位与否。作为领导者，能够并且善于听取队员的意见，即使是跟自己意见有悖，你能接纳与自己不同的意见，才能够在团队中建立起信任，因为没有人觉得不能听取别人意见的独断专行会成就信任，要培养自己的队员敢于直谏，不管是什么样的想法或是方式。在沟通的过程中，这种想法与方式的不足之处才能被发现，如果能够被团队采纳，在共同认可的前提下，执行起来就不会存在怀疑，队员也自然会认真地执行落实。

3. 给员工留一丝空间

领导者要给团队中队员足够的空间，让你或是他们有机会去发掘更大的潜力，当队员的积极性被调动起来时，他们的潜力就会得到最大的释放。在这个多元化的时代，每个人都有自己获取信息的方式与方法，每个人都拥有自己决策或是选择的权力。将选择的权力、执行的权力和决策的权力部分下放到队员的手中，队员会意识到团队对于他们的信任，才能建立深厚的信任感，营造非常好的团队氛围，"授权"比"命令"更重要也更有效。这才是最聪明的管理方式。

大家可能都不理解宏碁集团董事长施振荣为什么在退休后不把位置让给他的儿子，而是让给了他的老部下王振堂。我也曾一度怀疑他的真实意图，不过后来我明白了。

施振荣是一个信任下属、善于充分授权的人，他常常说："企业要想做到代代相传，必定要建立在授权的基础上。再强势的领导人，也会有照顾不到的地方，也会有离开的那一天。但是，在一个充分授权的企业里，各层管理者已经充分了解公司文化，能够随时随地自主诠释企业文化，这样的企业才有生命力。"

施振荣对于下属，给予的是完全的信任和充分的授权。他允许员工犯错，只要是无心之过，他把这戏称为交学费。没有一个人是完美的，一个人的成长也是必须要付出代价的。如果领导者害怕员工犯错，给企业造成损失，员工做起事来缩手缩脚，一旦有一点困难就赶紧向领导请假，那么员工永远都不会成长，企业也永远不会前进。

领导者对员工充分信任，是对员工的一种信任，这可以让员工为工作一心一意、全力以赴，从而最大限度地提高工作效率。那么，如何才能把信任完美的运用到日常管理中呢？以下两点是必须要注意的。

1. 授权给值得信任的人

一个人的道德水准与他所接受的教育、所接触的人群、所处的环境都有很大的关系。人的才赋秉性有高低之分，人的道德水准自然也是。所以，作为领导者，在工作中不能盲目授权给某个员工让他去做很重要的工作，做得好还行，倘若做不好要怎么办？所以，要正确了解和判断员工是否可以充分胜任，这是放心授权的关键。这就需要领导者经常和员工谈心，从工作的细节上去了解下属，读懂下属在想些什么。

领导者与员工的接触时间比较少，对员工不可能了解的特别清楚。因此，领导者还要听一听周边人的意见，当员工们都对他的能力产生怀疑时，千万不要固执己见，要继续观察，当然也不能偏听偏信，要对员工的整体情况做一个详细的了解。

2. 授权要合理

授权不光是给员工布置任务，还要给他一定的权力，放手让员工大胆地去做。领导者在授权之后，就要学会放手给员工一定的自主权，让员工放手去做。如果领导者授权之后，还要每天过问，就会让员工束缚住手脚，不敢随意发挥自己的才能，不利于员工工作能力的锻炼和提高。时不时的指导，也会使员工养成依赖心理，遇到问题的时候不会自己解决，而是等着领导者来想办法，渐渐地也就失去了工作的主动性和积极性。

授权要合理，授权不等于放任不管。合理的授权需要清晰地界定出授予的权限大小，不能让员工无限度地使用权力，当员工需要做的事情超出了权限之后，必须要向领导者申请，而不能发生越俎代庖的事情。

◎ 如何做好奖功罚过这道“是非题”

企业领导者要想让企业上下一心，为企业发展共同努力奋斗，就必须拥有完善的奖惩制度。

威廉·詹姆士是一位管理学方面的专家，他在一次研究中发现：如果企业中的员工没有受到过情感方面的激励，那么他只能发挥自身实力的20%至30%，而一个受到过情感激励的员工，则能发挥其自身80%至90%的实力。从这项研究中我们能够看出，企业领导者要想让企业上下一心，为企业发展共同努力奋斗，就必须拥有完善的奖惩制度。

那么对于企业来说，是不是拥有一套完善的奖惩制度就能够调动员工的积极性了？显然，问题还没有我们想象中那么简单。制度永远都是死的，要想让制度生效，必须采取一些其他辅助措施。由于奖惩制度的本身就是将个人劳动与得到的报酬紧密联系起来，并用适当的手段将个人能力转化为促进企业发展动力的一种方式。因此，只有做到赏罚分明、严格执行，才能够起到激励、约束员工的作用。否则，会起到相反的作用，不仅无法提升员工的执行力，反而会降低他们既有的执行力。因此，对于奖惩制度来说，领导者只有做到“奖罚公正”才能够使之生效。

林欣汝是一家合资企业的员工，她为人懒惰、工作不努力，并且总是以敷衍的态度对待工作，但是她嘴上功夫很厉害，很会溜须拍马、讨好上司，时常在领导面前表现出很卖力工作的样子，所以总是得到企业领导的赏识。其他员工则看在眼里气在心中，但是又不好说什么。

有一天，林欣汝被总经理叫到办公室，并对她赞赏道："小李，公司能有你这样优秀的员工，是公司的福气啊，你的工作做得非常好，我都看在眼里。希望你以后能再接再厉，公司是不会亏待你的。"林欣汝听后，受宠若惊地对经理说："感谢总经理的夸奖，这都是我分内的事，在您手下工作，即使工作很累我也感到很开心。我会继续尽心尽力地为您和公司出力。"总经理听后也是喜笑颜开。

公司中的其他员工在得知总经理表扬了林欣汝后，都很不服气，因为他们太了解林欣汝为人了。所以，其他员工的工作积极性受到很大打击，大家都觉得总经理是一个不明事理的人。

由于受到员工的"蒙骗"，再加上自己也确实失察，该公司总经理的做法难免会让其他员工感到不满。对于员工来说，他们最忌讳受到不公正的待遇。如果企业领导者在激励制度上无法做到奖惩公正，无疑会使员工们的工作态度越来越消极，执行力也会随之下降。美国著名的管理学家拉伯福曾说过："只有在员工的工作表现与奖励制度之间建立起一种正确的连带关系，才能够促进企业组织的正常运作。"因此，作为企业的领导者，在对员工进行考核和提拔时，一定要注重他们实际的工作业绩，而不是看谁表面功夫做得好、谁能够溜须拍马。只有给予工作高效的员工足够的奖励，才能充分调动他们的工作积极性，使企业的业绩更上一层楼。

对此，领导者可以这样做。

1. 改变奖惩观念

传统的奖惩观念过于简单直接——通过物质奖励和晋升奖励，刺激员工的工作积极性，提高他们被肯定的感受。而惩罚则通过反向的手段，来对员工的负面行为进行指正和鞭策，并防止再次出现。

然而，过于简单的奖惩观念，由于缺少执行的厚度，同时缺乏必要的内涵，因此在促进团队的形成过程中无法发挥重要的作用。例如，某团队对优秀员工总是采用年终奖的模式进行奖励，结果，其他员工们对此产生了相当抵触的情绪，并引起团队内的矛盾，破坏团队的正确文化。而被奖励的员工则被告知要等到年底才能拿到奖励，也并没有真正引起更多的工作热情。

类似这样不合理的奖惩观念当然需要适当改变，例如：奖励一定要及时快速到位，对员工产生立竿见影的效果；奖励并非一定要金钱扮演主角，采取报告会、午餐会、老总接见、家人介绍等方式，也可以让奖励的层次获得更多扩大，并以新鲜的形式产生更好的激励效果。同样，惩罚的观念也应该得到必要的改变，例如，从惩罚个人，改为惩罚团队、惩罚上司，从单纯金钱惩罚，到一些带有教育引导制度的惩罚手段等，降低员工的羞辱感，增加对他们的激励作用，从而实现对团队文化建设的推进。

2. 领导者不能只看“表面功夫”，而要深入了解员工的工作

很多企业领导者由于没有深入基层做调查，只在表面上进行观察，所以他们只看到员工的外在表现，就将其看作是他们的实际工作表现，结果却对那些专做表面文章、投机取巧的员工进行奖励，而忽视了踏实肯干、不爱出风头的员工。长此以往，当员工们不能得到公正的待遇时，他们就会产生不满的情绪，觉得在这种不能明辨是非的领导带领下，企业会发展无望，不如尽早离开，另

谋出路。显然，这对企业的执行力提升没有丝毫的益处。

另外，还有一些企业的领导者通常只凭员工在他们脑中的印象来盲目下结论，对他们进行不公正的奖罚。有些领导者表面鼓励、支持员工们给自己提意见，但是却会在暗中毫不客气地打压他们。这些都会挫伤那些踏实工作、敢说心里话的员工的积极性，从而阻塞企业发展的道路，给企业造成极不的影响。

三、责任和权力的平衡

◎ 权力不等于权威

群众的眼睛是雪亮的。权力不等于权威，你也该听听员工的意见。

听不进去意见、以自己为中心，似乎是员工嘴里企业的领导者身上存在的通病。当然不排除其中有人恶意中伤的可能。但是作为整个企业目标管理进程中的控制者，领导者绝不能忽视这些反面评价的作用——在一定程度上，员工对领导者的个人评价直接决定着企业内沟通效果的好坏！如果员工中对领导者的评价普遍走低，那么不用多想，你的企业正在走向失败！

俗话说，群众的眼睛是雪亮的。权力不等于权威，你也该听听员工的意见。

我的一位朋友李易祥就是这样一位善于合理运用沟通渠道的领导者：他在某体育用品制造公司中担任执行董事，同时也是最初投资的几个原始股东之一。这家公司刚建立时只有半间厂房、15 名员工，以加工运动鞋为主要业务；经过多年的发展，现在已经是一家拥有超过5000名员工的大型企业，并和全球最大的羽毛球用品巨头建立了合作生产关系，而李易祥在其中发挥的作用不容忽视。

某培训中心请李易祥作为授课嘉宾来为高峰培训班的学员讲述成功之道，但他并不认为公司的成功是因为自己掌握了什么秘诀或是抓住了重要机遇。用李易祥的话说，就是“我只是每天和工人们一起在职工食堂吃饭”。

李易祥说得很轻松，但在场的高管们都知道，这种事实际操作起来很不容易：在李易祥的经营理念中，员工对公司的态度永远是摆在第一位的。建立公司伊始，他就注意到了员工意见的重要性，经常要求其他的负责人共同参与员工的部门会议，而且固执地将“倾听员工意见的频率”列为“主管工作考核表”中的单独项目亲自进行考评。李易祥认为，无论是公司高层会议还是部门研究做出的决议，普通员工都应当有权知悉全部信息的权利，他们既是公司的劳动力群体，也是整个公司的载体，一旦出现问题，危及的将是公司的根基，而不仅仅是账目上的盈亏。因此，当公司要签订新的合作协议或是启动招工计划时，经理室都会在全体大会上当众宣布消息，并交由职工代表进行表决。对于被多次否决的方案，他宁可不再跟进也不愿因此和员工们对立起来。而且不仅是业务和人事方面，公司财务也实行完全透明的公开报批制度，即每月的职工代表会议上，财务室经理都会报告公司当月的财务费用和盈亏情况，年终时还会在职工代表的监督下，聘请专业会计师审计公司的年度财务报表，保证做到账实可对。

为建立健康的公司内部沟通渠道，李易祥做了很多努力；除了涉及企业发展的重大事项，他还十分注重和普通员工进行沟通，公司每年都会分别为业务部门和制造部门举办职工交流会，部门内的负责人和职员们坐在一起，互相交流工作和心得，在场还有专业的心理咨询师负责员工们的心理咨询和减压治疗。交流会上，员工们可以直接将建议和观点反映给部门主管，甚至是不定期前来观摩的公司高管；同时李易祥也给部门主管们下达了任务，要他们上报员工意见，没有收到意见的主管将会被撤销职务。这样做的好处显而易见：既能了解到实际情况，又可以借机向员工们宣讲公司政策和经营思路。

有不少公司高层认为李易祥此举有“泛民主化”的危险，长久下去容易使公司被员工绑架。也有人认为李易祥积极通过公司渠道和员工们沟通互动是值得提倡的，但是公司高层过度干预部门内的沟通工作，会让整个公司结构从“金字塔”形变为“哑铃”形，部门主管们应负的责任和作用将无处施展。有鉴于此，李易祥后来叫停了部门交流会，改为每月在职工代表会议结束后召开公司内部沙龙；并重新在办公楼内装上了曾被他视为“装饰”的建议箱，当然钥匙在李易祥手里。而且为了鼓励员工们投递意见或建议，李易祥规定，只要被采纳，提出建议的职员的当月薪酬将提升十五个百分点，这无疑令普通员工们大为振奋。

李易祥构建高效沟通渠道的工作并没有完结：几年前，聊天软件开始流行，李易祥又在公司内建立了 QQ 聊天群，请全体职工参加讨论；同时他还开通了个人微博，直接收听员工们的喜怒哀乐。李易祥所有的心血，不但让广大员工满感到意，也帮助公司收到了真正的实惠。一位合作客户的代表来公司调研后曾激动地对李易祥说：我从未看到过这么快乐的车间！

从李易祥的实际工作中不难发现，他在构建企业的沟通渠道时，并没有完全按照西奥多·雷威特的归类去选择；既有链式渠道，也有放射式渠道，还有随着信息技术的发展而产生的聊天软件、微博这样更为活泼和有效的沟通方式，可见沟通的渠道是多种多样的，关键在于领导者如何选择。在目标管理的操作中，领导者在做好具体目标具体分析的前提下，其实并不需要对“沟通”有太多的顾虑，因为目标管理本身就是一种学习式的管理方式：所有人都朝着同样的目标努力，在工作中互相学习。因此我们可以这样认为：只要沟通渠道有利于企业达成目标，那么它就是高效的。

领导者在沟通时如何学会倾听？

1. 在心理上完全尊重对方

哪怕是企业里效率最低、能力最差的员工，总裁都要把他或她当作是和自己一样的企业成员，而非自觉高人几等；然后要表现出对建议的积极态度，做笔记、在沟通过程中不断回应，以及努力抑制住想要同对方争论的念头——伏尔泰说过：我不同意你的观点，但我誓死维护你张嘴说话的权利。探讨在沟通中是必要的，但演变成争吵就很糟糕了。领导者如果在沟通过程中始终保持平和的心态，那么对被倾听者来说这无异于最大的优待：他们被关注的诉求得到了满足，心理上的紧张和不满就能排解出来，自然就可以释放出最有效的信息。

在企业中，很多领导者对反馈意见缺乏好感，尤其对负面信息有着说不出的憎恶，认为是居心不良者的恶意诽谤。然而事实又是什么样的？常言道“海纳百川，有容乃大”，对反面信息的接纳与否，在某种程度可以折射出领导者的个人修养和大局观念。领导者在处理反馈时，应当始终抱着空杯心态去看待员工提出的任何意见。作为接受者，理应用求知者的精神要求自己去处理这些反馈信息，而非像那个工厂经理似的，反面信息听多了就烦，烦了就不再听，那进行沟通反馈还有什么意义？这种因噎废食的做法根本就是浪费资源。愿意接受反馈，就要有接纳反面信息的勇气。一千条赞美都比不上一句批评，只要对企业的发展和成长有实质性的好处，领导者为什么不能当“受气包”？

2. 不应带有个人感情色彩

现实世界中没有毫无缺陷的人和事，反馈信息的员工是这样，接受反馈的领导者也是这样。领导者要负责的是整个企业目标的实现，员工在乎的是企业平台能够提供给自己的物质和精神给养，双方各取所需，并没有必要因为某些偏见或者过节而摒弃反馈的实质精神：只要是问题，就应该纠正；只要是批评，就应该接受；只要是合理，就应该去做。带着个人感情参与到反馈机制中去，这是企业领导者的大忌。

◎ 有情领导、无情管理、绝情制度

责任一缺失，执行必缺失。

要落实执行力，首先要考虑的就是将责任落实到位，“责任一缺失，执行必缺失”。在团队协作中，逃避责任是一个亟待解决的大问题。团队成员逃避责任主要是不愿意在指出别人不妥的行为之后造成人际关系上的紧张，优秀的团队则能够通过“有情领导、无情管理、绝情制度”克服这些顾虑，直接面对存在的问题。

当然，知易行难。即使在团队素质已经非常好的团队中也是如此。他们害怕损害自己的人际关系，所以不愿指出同事的错误，也不愿相互负责。当团队利益开始下滑时，他们就真的开始互相指责，形成一个恶性循环。领导者如何才能做到“有情领导、无情管理、绝情制度”呢？关键是要掌握几条管理准则。

1. 将员工放在合适的位置

让适合的人做合适的事，而不是靠人情分配任务。当企业执行力缺失时，不少领导者总是习惯性地认为是执行人员出了问题，而从不认为是自己的决策有问题，这也是团队领导者身上普遍存在的问题。领导者身居高位，比起他的下属，他能拥有更为丰富的内外部信息，也更容易发现下属在执行任务过程中的隐性障碍，帮助他们解决这些问题，使他们在执行过程中更加得心应手，这才是一个领导者该负的责任。只知道在办公室发号施令，等来的结果不合心意就大骂下属的领导者，是不合格的领导者。领导者不仅要了解员工执行中遇到的问题并加以解决，还要了解每个员工的素质状况，并让他们去做适合他们的事情，这样才能使这一团队的执行力发挥到最大。

2. 提高员工凝聚力

作为一名普通的员工，不能有“反正还有上面顶着”、“反正这事情不归我管”等想法。普通员工的职位虽然不高，但是他在团队中也是非常重要的。没有员工的执行，领导者的任何决策都是没用的。作为一个员工，最大的责任是与团队中的其他员工相互配合。人总有优缺点，很多人在一起，就能取长补短，一个团队才能发挥最大的效率。

举个例子，总经理吩咐王宇先将资料复印给大家，半小时后开会讨论。结果王宇先少印了一份，最后只有他自己没有拿到会议资料，但是他也没有告诉李林，于是李林以为这个资料不重要，就直接去开会了，会议中受到了总经理的批评。会后，总经理得知了事情原委，将所有人都批评了一顿，为什么？原因很简单，王宇先没有告诉李林肯定有错，而李林没有确认资料的重要性也有错，而团队中的其他人，明知道开会资料很重要，也没有提醒李林，或者复印一份给李林，这就看出了大家都没有互相帮助，没有团队凝聚力，这对于一个团队的执行力来说是致命的打击。

3. 严格依照制度承担责任

一个团队，由各种各样的人组成，他们性格不同，经历不同，价值观也不同。但是他们需要有一个共同的信念和目标：就是明确制度规定，为团队负责。

正是因为他们各不相同，所以会出现各种各样的问题。有的团队可能惧怕冲突，有的团队可能缺乏相互信任，也有的团队可能配合度差，这都是这些团队的“短板”。领导者和员工，都要为团队的短板负责。作为领导者，要了解为什么存在这样的短板，如何产生的，是否严重，并且制订一套行之有效的办法，解决或者改善短板问题；作为员工，要清楚短板是不是由自己引起的，自己有没有不信任同事，有没有拖大家后腿，并且积极配合领导者将短板问题解决。

试想，如果一个团队中员工都不知道自己具体是负责什么事情，只知道一个大概的范围，那么很可能做起事来一团糟。这就需要团队领导者让员工明晰哪些是个人的责任，哪些是与别人配合起来负责。只有这样，才能使从下到上每个人都负起责任，这个团队的执行力才能快速提升，这个团队才是优秀的、有希望的。

4. 确立团队奖惩制度

要激励员工，最便捷、最有效的方法就是设置完善的奖惩机制，有奖有罚才能全面调动员工的积极性和主动性。但是奖励和惩罚都必须遵照一定的制度，最重要的就是即时奖惩和惩教结合。做对事就能得到奖励，这能够使员工形成一种“规矩”意识，以后不但能够遵守企业规章制度，而且会避免犯错。而对于惩罚，其最终目的是使员工从中受到教益，提高素质，更好地实现任务目标。在实际的企业管理中，奖惩措施是作为落实员工执行力的不可缺少的手段，但实际上真正实行起来并不是那么容易的，这就需要企业的领导者运筹帷幄，在适当的时候进行适当决策，以期达到理想效果。

四、短期利益与长期目标的平衡

◎ 质量方面：价格打折质量不能打折

质量是企业的生命。

质量是企业的生命，所以每一个公司的每一个产品在出厂之前都要经过数遍的严格检测，并将可能发生的质量问题降到最低，使发生的概率几乎为零，这样才可以较好地保证产品的质量和性能。

百事可乐与可口可乐的较量一直难分高下，但是之前百事可乐所遇到的一次品质危机事件却差点将其挤出市场竞争，那就是众所周知的“针头事件”。一位太太给孩子们买了两大瓶的百事可乐软饮料，但当喝完第一瓶的时候，却突然发现第二瓶里面出现一个注射器的针头，于是严重的产品质量危机立刻将百事可乐推上了风口浪尖的位置。作为百事总裁英德拉·努伊迅速做出反应。百事可乐首先向该太太道歉，请她讲述事情的经过，感谢她对百事饮料的支持和信任，同时对她进行补偿，并邀请她参观生产车间和产品线，保证产品是没有质量问题的，并向公众说明针头极有可能是饮料在离开生产地之后在运输和销售的过程中人为放进去的，于是此事件很快得到了平息，百事可乐的销售很快回到了之前的水平，甚至还吸纳了许多新顾客。

一个企业若想要成功留住企业的品质，就必须有自身的特性，有不同于其他企业的文化，这就要求开发出来的规范化制度需要遵循“专业化”的原则，避免犯错。

在制度的实施和员工的培训方面，企业应该有专业化的要求，这样才能体现出一个企业的特殊品质。例如，星巴克咖啡店中，他们的每一位服务人员都像是从咖啡专业毕业的一样，顾客所有关于咖啡的知识都可以向他们咨询，而他们也都能为顾客详细介绍。这种专业化的服务，会加深顾客对企业的好感。除了能够体现企业的品质之外，专业化服务还能够为企业的利润增值。为什么在路边的小店中 5 元就可以喝到一杯咖啡，而在西餐厅中就要 50 元，五星级的酒店中就要 100 元呢？除了咖啡的品质之外，后者主要体现在他们更专业的服务上，这就是所谓的“品质”。

海尔公司的口号就是“谁砸了招牌，就砸谁饭碗”，这样的口号给予顾客一种“不惜一切代价做好产品质量”的职业形象。作为电器公司，服务对象就是广大群众，而大众最注重的恰恰就是电器的质量，这样对大众胃口的口号一经喊出，立刻就吸引了大批的顾客。而且海尔的售后服务又非常出色，这也是公司的一种职业形象体现。在这样的好品质形象影响下，海尔产品的销量越来越好。

在现今的信息时代中，企业的形象能够很快地得到传播。若是拥有良好的品质，不用自己做广告，自然有顾客为企业做免费的宣传。这种源于顾客对企业的信任层层传递开去，不仅会迎来更多的新客户，也能留住原来的老客户。

因此，企业的领导者在策划企业的形象时，要从产品品质入手，做好自己的产品，树立良好的形象才是企业发展的根本。

1. 提升品质

产品是企业发展的基础。光有品牌知名度，大量广告宣传，相比产品品质来说，都是浮云。只有保证了产品的品质，满足顾客最基本的基础需求，才可能引导企业向品牌化发展。用一个很常见的客户体验来理解产品品质是基础：国际顶级服装品牌阿玛尼、BOSS，卖的不仅是奢侈品代表的高端的品味和尊贵的满足感，最关键在于这些顶尖产品的服装品质远胜普通品牌服装的优越品质。当顾客消费能力比较高的时候，自然就会选择高质量的服装，让自己穿着舒适，且显大方。

谈及产品品质，所应强调的是这些品质必须是有确切的保证，“不可逆转的、无条件的”。企业拓展市场到四面八方的区域，连锁专卖店遍地开花，品牌产品销量走势节节上升，产品最基础的内容还会一如当初得到保证吗？用一串数据来说明，假设一个裤业企业的年销售量是100万条，而通过拓展销售渠道，运营良好，销售量破300万条，市场是有了，后方支持的产品，300万条的裤子生产起来，是否有可靠的保证？当初“标王秦池”随便找到小酒厂的酒贴上“秦池”商标供货，大批生产销入市场的情况会否重现？当初“牵肠挂肚，惟有春都”的“春都”火腿肠将“肉肠”变成“面棍”抢占市场份额，这种无良商家，下一个会不会是你的企业呢？

2. 避免劣质产品流出市面

市场突然膨胀起来，生产能力发展跟不上步伐，扪心自问，你会不会随便找些小型的西裤企业或是作坊式工厂分担加工，敷衍顾客？

当顾客发现劣质产品，企业走向衰落，才反思出“产品品质是一切品牌的基础”，恐怕为时已晚，企业再也不能“起死回生”。

当你选择了一个企业并成为他的员工的时候，就意味着你就踏上了公司这条船，无论狂风暴雨，还是风和日丽，从此你的命运都要和这条船的命运紧紧地联系在一起。留住品质，企业的未来才会是晴空万里！

◎ 用人方面：打造学习型组织，不依赖任何一个人

企业领导者在用人时，不能依赖任何一个人，而是要靠全体的力量，打造学习型组织，让每个人都变得优秀。

一位著名的将军曾说过这样的话：“无论多么强大的士兵，当他陷入敌人的包围时，都无法取得胜利。但是如果我们能够联合起来，那么我们将能够战胜一切敌人。就像行军蚁一样，将眼前的一切障碍全部消灭掉。”英雄的部队之所以能够在战场上战无不胜、攻无不克，不是因为个别士兵的英勇善战，而是因为他们懂得整体之间的配合，如果缺乏了这种有效的合作，那么他们将会惨败敌手。所以，企业的领导者在用人时，不能依赖任何一个人，而是要靠全体的力量，打造学习型组织，让每个人都变得优秀。

20 世纪 90 年代，钢铁市场疲软，所有经营钢铁生意的企业的营业额都开始下滑，员工们甚至无法拿到全部基本工资。作为众多钢铁企业中的一员，阿

姆科公司的日子同样不好过。

在企业持续亏损的情形下，新总裁吉姆·威尔接手了阿姆科公司。他在上任之后,马上进行了一系列改革,希望能够拯救岌岌可危的公司。在这些改革中，他的一项最重要的措施就是调动所有员工，让他们每个人都行动起来。为了实行这一措施，其中还有一个小插曲。

为了提高员工的生产效率，吉姆·威尔邀请一位心理学家到公司业绩最好的一家工厂参观，希望他能够帮忙找出工厂里能够带动生产效率的带头员工。结果让他非常惊讶，因为这位心理学家对他说："这间工厂没有带头人。"吉姆·威尔感到非常不可思议，而且也不相信这是真的，于是他问道："这是我们最赚钱的工厂，你竟然没有在里面发现带头人？"心理学家回答道："工厂里确实没有带头人，但是却有最好的工作团队，他们每一个人都能够互相合作，而且都将功劳归功于别人。"

听了心理学家的解释，吉姆·威尔豁然大悟，明白了团队在企业发展中的重要作用，于是，他决定建立一套新制度来鼓励企业的团队行为。之后，阿姆科公司着重培养了一批新型领导者，让他们专门带领团队发挥作用。这种新的方法实施后，吉姆·威尔终于成功地调动起了所有员工的力量，让他们都行动了起来。

经过一番改革之后，吉姆·威尔终于成功带领公司实现了盈利，而且数额越来越大。最终，通过激发员工的团队精神，他成功地挽救了自己的企业。而原来拿微薄工资的员工们，也能够再次领取丰厚的薪水了。

除了阿姆科公司，全球范围内的其他大企业也都非常重视培养员工的团队精神，因为那些企业领导者明白，只有培养员工的团队精神，才能够让他们将团队利益放在第一位；只有将团队利益放在第一位的员工，才会尽职尽责地工作，才能为企业创造出更多的财富。只有具备团队精神的员工，才能够提升自己的执行力，以捍卫团队的利益。

1. 迫使员工学习

迫使企业发展还需要一个最重要的元素，就是迫使员工学习，迫使团队学习，迫使自己学习。当今社会是一个竞争日益激烈的多元化社会，企业不管自己愿意与否，都将投入到国际化的竞争中去。要想不被市场淘汰，就只有比对手更强，反应更快。所以我们要有超前意识，要敢于竞争，敢于迎接挑战，因为这对我们来说一方面是一个考验，另一方面也是一个不断学习、不断改进、不断提高的过程。学习是为了更好地应对竞争。在激烈竞争的市场环境中，企业拥有更好的学习意识才能取得更快的成长。在新的时代背景下，企业竞争的实质是学习能力的竞争，企业竞争唯一的优势是比竞争对手学习得更快。

狼是草原上最有智慧的动物，之所以能够成为"常胜将军"，不是靠它生来就有的能力，而是因为它敢于从自然界中的每一种事物及其他动物身上不断地学习更多的捕猎技巧，放眼未来的世界，以长远的利益为基础获得生存。

2. 做好员工的职业规划

一个合理的企业规划是激发企业员工活力的动力源泉，所以，企业要为员工做好职业规划。对于刚刚加入公司的员工，要将员工和企业相结合，对员工的兴趣、爱好、能力、经历及不足等各方面进行综合分析与权衡，找出最适合员工的工作。比如，员工机灵活泼，口才好，那么就让他去做销售；员工生性内敛，办事又非常严肃认真，就让他去做后勤人员；等等。

光做到这些可不够，因为这刚刚是员工的起步阶段，下面就应该是如何升职了。仍然拿业务为例，刚加入的员工可以称之为"顾问助理"，等到签约了客户，达到了工作期限，就要让员工转为业务顾问，等到业务顾问经过培训、学习、积累客户达到了另外几个条件之后就可以晋升为顾问经理，顾问经理也要慢慢地积累经验、积累客户、参加培训等再次晋升，以此类推，一直到没有办法再升上去为止。

这次可能会有人说，我们的企业中没有这么多职位，这可怎么办呢？其实，这个规划是浓缩的，我们展开开看，一个销售顾问可能有五个层级，刚刚晋升上来的是一级顾问，每半年考评一次，当员工满足条件后就可以升为二级顾问，不用升职，只要有代表性地把工资和奖金稍提一下即可。然后再次循环。并且，并不是每一个员工都能在规定的时间内提升，每半年考评一次是对这半年中员工的表现作一个全方位的评价，它所要求的条件是严格的。所以，员工想升职就必须通过努力拼搏。

◎ 竞争方面：培训就是投资

只有不断地去适应、改变环境，以“顽强”与“坚韧”武装全身，勇于向恶劣的环境挑战，才能在恶劣的生活环境下得以繁衍，成为强者。

狼，不是兽中之王，体格、速度、力量及搏斗能力都不是老虎、狮子、猎豹等猛兽的对手，但是它从不惧怕任何强大的敌人，反而以与之搏斗为乐。同时，它们面临着人类的捕杀以及同类之间关于食物、领地的生存竞争。尽管如此，它们依旧顽强地生存着，并未向任何威胁和强敌屈服。它们懂得怎样做强者，善于挑战逆境，凭借顽强的拼搏精神和极强的战斗力保持整个队伍的精干和整体素质的提高，在草原上赢得了一席之地。狼为了在残酷的“优胜劣汰”的自然界生存，从不守株待兔，而是认真主动地观察和寻找目标和猎物，主动攻击一切可以攻击和捕获的对象并猎取它们。在狼的世界里，“适者生存”的大自然法则固若金汤，狼的生存法则就是战胜对手、吃掉对手，否则就会饿死。

狼大概能比人类更深刻地认识到“物竞天择，适者生存”的自然生存铁律。什么叫适者生存？即强者生存，弱者淘汰，这是最基本的进化原理。要想生存，就必须首先去顺应生存环境。只有不断地去适应、改变环境，以“顽强”与“坚韧”武装全身，勇于向恶劣的环境挑战，才能在恶劣的生活环境下得以繁衍，成为强者。

事实上，任何一个人都不希望被淘汰，任何一家企业都不希望灭亡，“生存”是任何一个生命的本能。因此，身处企业中，每个人都要思考：我如何才能不被淘汰，如何才能生存得更好？企业要生存，就必须创造利润；员工要想不被淘汰，就必须创造利润。谁能创造利润，谁就能生存下去；谁创造的利润越多，谁就能发展得越好。适者生存，不适者淘汰，这是自然界的铁律。创造利润者生存，入不敷出者淘汰，这是企业界的铁律。为了企业的生存和发展，为了创造利润，企业里的每一个人都应该懂得这些铁律，都应该学习“适者生存”的道理。

为了让员工不在激烈的竞争中过早地被淘汰，身为企业的领导者，有责任帮助他们提升自我，最显著的一个方法便是通过培训对员工进行长线投资。

任何一个成功的团队，都必然相当重视员工的培训过程。培训虽然从短期来看并没有得到具体的业绩，更像一种成本支出而并非利润的获取。但培训通过一定的科学手段，帮助员工在团队中工作一段时间后，得到知识、技能、能力和态度等方面的提升，从而保证他们不仅能够按照预期标准和水平完成工作的任务，更能保证他们在心态和能力上都源源不断地获取更多的潜力开发。

企业要想提高执行能力就一定要做到。能人中的首善要大肆表彰，能力中的首恶要坚决拿下。首善即员工中的精品，首恶就是毒品。松下的创始人松下幸之助说过，企业管理的首要任务是人事管理，而人事管理的第一要务就是除恶。很多企业不都做到这一点就是因为缺乏一种机制，即人才的培育及开发机制。国内的一些优秀企业，如华为有华为大学，海尔有海尔大学，联想有联想大学，蒙牛有蒙牛商学院，包括一些中小型的民营企业有很多都有自己内部的培训体系，即人才外包培训体系，这些企业都有一个共同的观点，即任何优秀的领导者和员工都是可以被训练出来的。

1. 加强对员工的培训

好员工不是招进来的，而是培养出来的，要对员工的未来负责，就要对员工展开培训。有很多企业不注重对员工的培训，不注重人才的培养，员工也会为自己的发展寻找新的出路，所以，企业留不住人，更留不住人才。

企业对员工培养，确实会花费一定的成本，但是不能从一个短期的角度来看待问题，应该把眼光放得长一些，员工培训后，员工的工作自觉性、积极性和创造性都在不断地提高，企业也会从中获取更大的利益。可以说，企业培训是有利于企业有利于员工的双赢战略。

2. 通过培训建立团队文化

员工的水平，决定了团队的水平；员工的集体文化，决定了团队的文化。而只有通过培训，才能不断培养出足以支撑和影响团队文化提升的员工队伍。

曾经有家企业的老总不太愿意投入培训的成本，他的理论是，“有这个钱宁愿发给员工岂不是更好”，但不久后，这位老总发现，即使在团队中获得业绩不错的员工，也有的开始跳槽到其他企业中，而理由正是“本企业获得的培训太少”。

如果加以细问，离职的员工会解释说，在其他不少企业，老员工能够通过培训，获得新知识和技能，这样对个人将来的发展有益，而在他的企业，除了得到短期的奖金外，也看不到多少能够影响个人的团队文化感染，更不用说对行业内更高知识的学习了。可见，培训提供的是一种让员工留下来的文化，是一种学习向上氛围的营造，在这样的文化中得以浸润，员工才会真正忠于团队。

3. 通过培训营造员工的积极心态

一个没有积极心态的人才队伍，无法构成执行力优秀的团队，这样的团队会造成生产效率低下的人力浪费。

想要让员工得到积极心态，去除工作中表现出来的自私、偏颇、过激或者担忧、焦躁等不良心态，仅仅靠工作中的点滴熏陶是不够的，团队领导更需要通过培训这样的平台对员工加以磨炼。例如，当领导者发现团队中存在着急功近利的心态时，通过组织相关职业态度的培训，通过培训师专业的心理疏导、客观的分析评价和行之有效的自我训练技巧，将能让员工在离开具体工作的培训环境中，对职业心态进行有效梳理，使员工犹如呼吸了新鲜空气之后获得新生，并重回工作岗位。

4. 通过培训让员工认识自我

必须承认的是，再优秀的工作团队中，其员工也是普通人，无论他们具备怎样的学历、能力和经历，都不可能完全透彻地认清自我。因此，如果员工总是带着对自己并不全面的认识来看待自己的能力，并评价自身在团队中的作用，那么，由这样员工组成的团队执行力也将无法上升。

为了解决这样的问题，培训必须落到实处，以帮助员工参与各种具体的学习项目为中介，引导员工重新看待自己的能力特点和角色价值。例如，某团队中有位老员工，因为对团队所作过的贡献，一直认为自己的技术能力在团队中居于前列，但经过两次培训后，他发现不少同事的技术已经赶上了自己，并因此重新看待自己和团队要求，从而获得了实质性的提高。在这个过程中，培训本身所起到的激励作用，可能是领导者具体的行为或者语言无法取代的。